寻找最美乡村教师

梦想播种者

洪　生　编著

武汉大学出版社

图书在版编目（CIP）数据

梦想播种者/洪生编著 . —武汉:武汉大学出版社,2015.5
寻找最美乡村教师
ISBN 978-7-307-12526-1

Ⅰ.梦…　Ⅱ.洪…　Ⅲ.农村学校—中小学—优秀教师—生平
事迹—中国—现代　Ⅳ.K825.46

中国版本图书馆 CIP 数据核字(2015)第 007013 号

责任编辑:张　璇　　责任校对:汪欣怡　　版式设计:韩闻锦

出版发行:**武汉大学出版社**　　(430072　武昌　珞珈山)
　　　　　　(电子邮件:cbs22@whu.edu.cn 网址:www.wdp.com.cn)
印刷:湖北钟祥知音印务有限公司
开本:850×1168　1/32　印张:4.5　字数:69 千字
版次:2015 年 5 月第 1 版　　2015 年 5 月第 1 次印刷
ISBN 978-7-307-12526-1　　　　定价:25.00 元

目　录

霞光万道照我心，
在那太阳升起的地方

——记安徽肥东县陈集乡阳光小学校长陈万霞

2012 年最新统计结果表明，中国 13 亿人口中，农民工数量已经突破 2.5 亿。这个庞大的数字意味着，有多少位农民工背井离乡外出打工，就有多少个家庭支离破碎，难以团圆。他们的孩子，被称作"留守儿童"，他们从小便失去了父母的呵护，童年因此暗淡无光。人们把农民工的孩子叫做"太阳花"，因为这种花对生长的环境要求极低，很容易成活。但许多人却忽视了，再坚强的孩子也只是孩子，"太阳花"的童年最渴望的恰恰是阳光。

在安徽肥东县有这样一位"老师妈妈"，她把所有的心血与热爱都贡献给了农民工子弟，可令人费解的是，尽管她把自己所有的光和热都奉献给了孩子，但当孩子们发自内心地想叫她一声"妈妈"时，她却硬起心肠拒绝了……

一砖一瓦建起"希望小学"

2005 年 9 月 1 日，安徽省合肥市肥东县陈集乡小魏小学没有像往常一样开学，已经成为废墟的残垣断壁沉默地蹲在那里，没有了孩子们的欢声笑语，这里显得格外荒凉。36 岁的陈万霞望着这里曾经熟悉的一草一木，不由得深深地叹了口气。

陈万霞是肥东本地人，也是小魏小学的元老。她有 20 多年的从教经验，在小魏小学也工作了十多年。她在这里的每一间教室都上过课，对这里的每一张桌子，每一块黑板都熟悉得像自己的孩子。她在这里度过了最美好的青春，也深深地热爱着教师这个职业。然而 2005 年上半年，因为布局调整，小魏小学与陈集乡中心小学合并，孩子们能在条件更好的学校接受教育，老师们也大部分随之迁到中心小学，工资待遇各方面也算稳定，照说这是个不错的选择。小魏小学停办后，陈万霞因为丰富的教学经验和工作能力，被肥东县一所民办学校聘请担任政教处主任，薪资待遇比以前高出了好几倍。其他老师都羡慕地说，这次调整陈万霞是最大的"受益者"。然而不知为什么，陈万霞的心里却空落落的。

开学前，她特意来到已经空置的小魏小学，仅仅隔了一个暑假，这里的欢声笑语已经恍若隔世。在空荡的校园里转了几圈后，陈万霞才恋恋不舍地骑上车，去新学校报到。

陈万霞的爱人叫钟志球，从事建筑行业。他们有一双儿女，女儿上小学六年级，儿子上初二。陈万霞调整工作后，钟志球就与妻子商量，去了深圳一位朋友的公司工作。日子波澜不惊，丈夫每个月源源不断地从深圳寄钱回来，两个孩子都十分听话懂事，成绩也很优异。陈万霞在新单位工作开展得十分顺利，她目前的生活状态几乎完美，只是偶尔路过小魏小学，看到荒凉的学校旧址时，她会在心底生出一丝惆怅。

　　2006 年放寒假后，陈万霞又来到小魏村。一见到她，村民们围着她七嘴八舌地抱怨起来。有的人说："你们一走，可苦了我们这的孩子，七八岁的孩子每天上学要走好几个小时。"也有人说："可怜这些没爹没娘的孩子哟，早上天不亮就起来，在路上摸黑不知摔了多少跟头。"一向与陈万霞熟悉的张婶十分担忧地说："老刘两口子都不在，他们的儿子已经不读书了，天天在外面跟些小混混在一起，我看啊，这孩子学坏是迟早的事……"原来，小魏村是一个名副其实的"打工村"，村里绝大多数青壮年都出去打工了，他们的孩子只能留在家里给老人带，老人年纪大了，精力不够，又没有教育经验，这些留守儿童很容易陷入无人管理的窘境。

　　听了村民们的抱怨，陈万霞心里一惊。她仔细地询问起自己以前教过的几个学生，听孩子们的爷爷奶奶说，自从合校后，因为路途遥远，爷爷奶奶们无法跟踪了解孩子上学的状况，许多孩子的学习成绩受到了影响，还有的孩子干脆在上学的路上偷偷溜出去玩，家长和学校信息长期无法沟通，有的孩子开始走上歧路……听到这些，陈万霞的心里一阵揪痛，这些孩子可是她看着长大，有的孩子还是她眼看着出生的呀！作为一个教育工作者，她比村民们看得更远：现在已经在上小学的孩子，还不是最大的受害者，最令人担忧的是现在刚出生以及还未出生的孩子们，她不敢想象，等这些孩子到了入学年龄，没有父母陪伴的他们，人生之路将如何启程！

几乎就在一瞬间，陈万霞心里油然生起一种责任感：要把小魏村的实际情况向上级教育部门反映，争取找到一个妥善解决的办法。

说干就干。陈万霞当即找到县教育局，向领导们反映了小魏村缺少一所农民工子女学校的情况，她请求重建一所这样的学校。可是，建一所学校不是件简单的事情，像陈万霞这样个人申请办学，在当地更是没有先例。

首先遇到的便是审批问题。建校必须要有充分的理由，面对县教育主管部门领导的疑问，陈万霞动情陈述："小魏乡的孩子们大多数是留守儿童，从小处说，是想给这些孩子一个温暖的家，为他们创造一个优质的教育平台，让他们像城里的孩子一样接受同等的教育；从大处说，我国亿万农民工，他们辛辛苦苦为城市建设作贡献，我们有义务为他们解决后顾之忧……"她的陈述令教育局领导频频点头，他们被陈万霞的一腔热血打动了。可接下来的问题同样令人担忧：那就是办学资质。陈万霞从事过多年教育工作，她本人的能力和经验不用怀疑，但学校不是仅仅靠她一个人就能办起来的，还需要各科的科任老师，需要厨师、生活老师、行政人员等，这些问题，陈万霞仅凭一己之力能解决吗？其实，就连陈万霞自己，对这个问题也无法作出肯定的答复！最后，教育局领导只好请陈万霞暂且回去，等把相关的问题想出办法解决后再作打算。

陈万霞迈着沉重的脚步离开了，心里同样也是沉甸甸的。她漫无目的地在大街上走了一圈又一圈，路灯把她的影子拉长又缩短，就如同她心中的希望与失望，此消彼长。她与丈夫都是工薪阶层，这么多年来，他们为了两个儿女省吃俭用存下了大约 30 万元，那是他们的全部家当，是约定好给孩子们将来读书求学、结婚出嫁用的钱。可现在，她理想中的学校无一砖一瓦，这笔钱怕是注定保不住了。

几乎在外面走了一夜，陈万霞才疲惫地回到家中。两个孩子已经休息，望着孩子们睡梦中的小脸，陈万霞喃喃地说："孩子们，你们以后怕是要同妈妈一起吃苦了！"说完这句话，她毅然拿起电话，拨通了丈夫的号码。

接到妻子半夜来电，钟志球吓了一大跳，还以为家里出什么事了。但听到妻子说出事情原委后，他沉默了。毕竟这笔钱对他们这个家庭来说不是小数目，他在外面打工也不容易。见丈夫有些犹豫，陈万霞趁机说服他："志球，你自己也在打工，孩子们天天也很想念你，小魏村的孩子比他们更小，也更需要这样一所学校呀！难道你忍心看着他们受罪吗？"说着说着，陈万霞抽泣起来。妻子的哭声最终让钟志球让步了，他说："行，万霞，听你的。"听到丈夫答应了，陈万霞破涕为笑，但她还提出了一个更"过分"的要求："志球，我还想……让你回家来帮我，这样孩子们可以经常看到你。"钟志球哪能不了解妻子的心思，他在电话那头哈哈大笑着说："万霞，你还跟我玩小心眼呢！你就直接说现在差人手，想拉我做个免费的劳动力不就行了吗？"被丈夫猜中了心思，陈万霞有点不好意思。但丈夫的态度打消了她最后一丝担忧，丈夫诚恳地说："你就是我们家的当家人，你说咋弄就咋弄，我相信你是能做大事的人！"丈夫无条件的支持，让陈万霞热泪盈眶……

不仅拿出了自家全部的家底，陈万霞还四处游说自己的亲戚朋友，从他们那里借到 20 万元钱。凑足了 50 万元"启动资金"后，陈万霞有了底气。她再次找到县教育局，经过商议，决定在小魏小学的原址盖一座三层教学楼，以陈万霞个人名义办学。教育局还协调了相关部门，给陈万霞最大的办学优惠和方便。

拿到了政策，陈万霞便紧锣密鼓地忙开了。她让丈夫领头，组建了一支建筑队，把小魏小学以前破旧不堪的教室拆除，在原址上开建崭新的三层教学楼。得知她真的要为留守孩子们办一所学校，小魏村包括周边几个村的村民纷纷赶来义务帮忙，乡亲们衷心希望这所学校能办好、办大。为了支持陈万霞办学，小魏村还把村里一口甜水井无偿提供给学校使用，有了这口井，孩子们吃水、洗漱都没有问题了。大家的支持，让陈万霞浑身充满了干劲，她越来越笃定地相信：自己这一步是走对了！

然而，陈万霞昔日的同事和朋友，却被她大胆而"疯狂"的举动震惊了。一位与她关系特别好的朋友私下劝她："办学是件很复杂的事，你一定要三思而行。首先招生就是一个问题，你现在刚开学，周边的孩子肯定愿意来上，但每个孩子最多在你这里读六年，这批孩子毕业后，是否还能招到学生？其次，你既然是办打工子弟学校，收费肯定不能太高，而学校最初几年投入是最多的，学校是否能保证收支平衡？师资力量也是问题，以你的性格，要办学肯定就要办成精品，绝对不可能随便糊弄，那么多高素质的老师去哪里找？找到了又如何能留住人家？"朋友提的问题一针见血，也确实是陈万霞每天都在操心的事。可即使有一千种不办学的理由，也无法阻挡她一路走下去的决心！她真诚地向朋友道谢，同时也坚定地对她说："我现在是开弓没有回头箭，但我相信'兵来有将挡，水来有土掩'，一切问题都会有解决的办法！"

呕心沥血催开"太阳花"

没有老师，陈万霞就动用自己的一切社会关系，劝说自己的老同事、老朋友来加盟。朋友们都知道她的个性，也深深信赖她的人品，有的同事放下待遇优厚的现任工作赶过来了，有的朋友让自己师范毕业的子女一毕业就投奔了她……一个月之后，陈万霞的老师队伍中已经有了六个人。

2006年7月，一栋三层小楼在小魏小学旧址上拔地而起，这座楼虽称不上巍峨，但在陈万霞和所有村民的心中，却绝不亚于一座高山！陈万霞特意将楼房外层涂上了金黄的颜色，不论天晴还是下雨，这座楼都像沐浴着金色的阳光。陈万霞给自己的学校取名为"阳光小学"，金黄，是阳光的颜色，她决心要把自己的心血化作一缕缕阳光，照耀需要关爱的留守孩子们。

　　学校创办伊始，共招收到了 64 名学生。人虽不多，但陈万霞却把他们当成了自己的孩子。学校一共有 8 名教职员工，其中还包括一名厨师，一名生活老师。

　　有了丈夫的支持、朋友的理解以及村民们热切的盼望，陈万霞的"阳光小学"终于在 2006 年 9 月 1 日如期开学了。

　　开学那天，没有隆重的开学典礼，没有华丽的会堂和音响，陈万霞把老师和孩子们召集到阳光小学刚刚修整的水泥操场上，郑重地告诉大家："老师们，孩子们，今天是我们阳光小学开学的第一天，你们见证了这一历史时刻。我希望从今天起，大家一起成长，一起奔向未来，让所有的记忆都从阳光小学出发。在不久的将来，我希望你们以来自阳光小学为荣，同样，阳光小学也将以你们为荣！"一段朴实的话语，打动了孩子们，他们的小脸红通通的，使劲拍着小手，他们的眼中闪烁着希望的光芒。

　　附近的村民们也陆续赶来了，虽然校舍还略显简陋，虽然陈万霞的"就职演说"没有一句华丽的辞藻，但村民们却感到特别踏实热乎，他们纷纷点头："太好了，村里的野孩子们终于有个'家'了！"更让他们欣慰的是，阳光小学虽然是私人办学，却是半公益性质，收费比周边小学便宜一半以上，这笔钱对收入不多的农民工来说完全承受得起。而他们不知道，为了降低入学成本，陈万霞自己作出了多大牺牲：快开学了，陈万霞打算给孩子们购买课本，可是书店需要预付购书款才给发书。陈万霞家里的钱已经全部用在创办学校上，实在拿不出一分钱。她的父亲眼看着女儿为书款焦急得整夜睡不着觉，短短几天时间，人就瘦了一圈。父亲看不下去了，竟把自家的耕牛卖掉，凑齐了两千多元购书款。

拿着这笔钱，陈万霞的眼泪不住地往下淌。对父亲来说，一头耕牛就是全家来年生活的保障和希望，可现在为了帮自己，年迈的父亲和母亲不得不亲自套起犁耙，下地耕田！她哭着对父亲说："爸，对不起，女儿不孝……"满面皱纹的老父亲扶起她，一字一句地说："万霞，你是农民的孩子，爸虽然识字不多，但也知道你在做一件大事，一件对农民的孩子有用的事，就冲这，爸爸也愿意无条件地支持你！"

阳光小学正式开课了。陈万霞根据孩子们的年龄和知识水平，把他们编为四个年级，四个班，自己担任了全校的语文老师。孩子们都有专门的宿舍，下课后到食堂吃饭，晚上统一住宿，统一管理。这样就避免了孩子与外界社会接触过多，受到不良影响。陈万霞不知道，自己的举动创造了一项新的历史：她创办的阳光小学是全国首个留守儿童寄宿制村级小学。

在学校里，陈万霞就像整个学校的"家长"，她是老师们的老大姐，是孩子们的"陈妈妈"，她从不叫"同学们"或者"学生们"，而是任何时候都称他们为"我的孩子们"。在她的带头作用下，老师们也自然而然地跟她一起叫起了"孩子们"，整个校园洋溢着浓浓的亲情。

陈万霞想得很清楚：每个来到阳光小学的孩子，都意味着他们的生活中缺少父母的关爱，他们在生活中最需要的就是温暖和爱，还有精神上的支持。所以，阳光小学在某种意义上来说，一定要成为他们心中最温暖的家。别的孩子在家庭中能得到的一切，她要在阳光小学让孩子们尽量得到满足。因此，每个孩子入学时，陈万霞都详细登记了他们的出生年月日，然后按月划分，排成一张表格。每个月的月末，就给当月过生日的孩子过一次集体生日。

每到那一天，全校的孩子就像过节一样快乐。那天可以不上晚自习，陈万霞让大家聚集到同一间教室里，在孩子们的欢呼声中取出特意订购的生日蛋糕，然后插上生日蜡烛。当天过生日的孩子幸福得脸上放光，他们被安排坐在离蛋糕最近的地方。当生日蜡烛点燃后，教室的灯被熄灭，所有的孩子一起拍手唱起"生日快乐"歌，小小的教室顿时被一种温馨柔和的气氛所笼罩。"小寿星"们头戴用彩纸自制的"寿星帽"，闭上双眼，双手合十，甜蜜地在心中许下自己的愿望。当生日歌唱毕，"小寿星"们一齐鼓起腮帮，"扑"的一声吹灭蜡烛，灯光大亮，教室里重新被欢笑和欢呼充满了。接下来，是孩子们自编自导自演的文艺节目，老师也会给过生日的孩子送上一份生日礼物。在每个孩子生日那天，陈万霞也不忘记给他们的父母发个短信，提醒他们别忘了给孩子打个电话……虽然每个孩子只能分到很小的一块蛋糕，但那让他们觉得无比香甜，无比陶醉。陈万霞告诉他们：虽然他们的生日没有父母陪伴在身边，但很少有人能在生日那天，享受这么多人的大PARTY，所以要好好享受这个大家庭，享受这么多兄弟姐妹带给自己的爱。

读二年级的陈芝梅是一个特殊的学生。她的妈妈在一年前因病去世，一个月前，在工地上打工的爸爸又因为事故而离开人世。从此，8岁的陈芝梅成了孤儿，跟着70多岁的奶奶相依为命。奶奶年纪大了，需要人照顾，而且芝梅上学的费用也让她觉得是很大的负担，因此她几次找到学校，要求芝梅辍学回家。陈万霞很了解小芝梅，她是个聪明而敏感的孩子，如果能有继续上学的机会，她将会是一个优秀的学生。因此，她下定决心，决不会放弃这个孩子。

可是，仅仅上学两个多月后，陈芝梅却再也不来上学了。据她的班主任老师说，现在的芝梅情绪特别不稳定，她不但不想见到同学和老师，而且任何人不能提起她的爸爸妈妈，就连这两个词也不能在她面前说，一说她就哭得跟泪人似的，喊着要妈妈、要爸爸。那情景就是铁石心肠的人也会为之落泪……芝梅的状态如此令人担心，陈万霞只好亲自去她家做家访。

她来到小芝梅的家时，不禁为祖孙俩生活的艰辛流下了心酸的眼泪。原来，芝梅和奶奶一起住在一间破旧的平房里，屋子里黑洞洞的，桌椅板凳都残破不堪，家里唯一的电器便是一台老旧的黑白电视机。提起让孙女上学的事，奶奶未语泪先流："陈校长，我知道你是好人，大家都说你为我们农民工的孩子造福。我也知道，芝梅读点书肯定比不读书强，可是，我年纪大了，照顾不上她，而且也交不起学费，我们这个家就靠我这把老骨头撑着，我真怕，万一哪天我撑不住了……"老人说着大声哭泣起来。陈万霞急忙安慰老人："奶奶，您别担心，芝梅到我们学校来上学，我们可以免掉她所有的学杂费，她也不需要您照顾，我们学校的老师和同学会照顾好她的！"奶奶惊讶地睁大眼睛："陈校长，你说的是真的吗？我芝梅有学上了？"陈万霞郑重地点点头："奶奶，您放心，我是校长，我说到做到！"奶奶感动得老泪纵横，握着陈万霞的手连声道谢："谢谢你，谢谢你啊，陈校长！"

可做通了奶奶的思想工作，还只是第一步，最重要的是打开小芝梅内心的心结。陈万霞很了解这个女孩，在失去父母之前，她很懂事明理，现在这个样子，完全是孩子受到强烈刺激后的应激反应。当务之急，就是要让芝梅迅速度过心理上的脆弱期，让她在心理上接受这个事实，并且慢慢学着去面对。在来芝梅家之前，陈万霞作过充分的准备，她查阅了许多儿童心理学的资料，而且向从事青少年心理教育的朋友咨询过，他们建议像芝梅这样年幼的孩子，最好采用疏导法和替代法，不能给她过于强烈的暗示。

陈万霞找到芝梅时，她正蜷缩在自己的小床上，见是陈校长来了，她失神的大眼睛只是空洞地望着她，没有其他的表示。陈万霞坐到她身边，把她抱在自己怀里，抚摸着她瘦削的小脸，心疼地说："哎呀，芝梅怎么瘦了。明天学校食堂有你最爱吃的土豆炖牛肉，陈老师和你一块吃，好不好？"受到食物的诱惑，芝梅不由自主地点了点头。陈万霞一眼就发现芝梅的身边摆着一本《格林童话》，她顺手拿起书，给她讲起了其中的一个故事。书中的好多字，芝梅并不认识，因此有些故事看不太懂。陈万霞娓娓动听的故事让她听得十分入迷，可是，陈万霞讲到一半就不讲了，她看看钟说："不早了，芝梅，你早点休息吧，明天到学校来找我，我给你把故事讲完。"芝梅乖乖地点了点头。

第二天，奶奶果然把芝梅送到了学校。她来之前，陈万霞就跟全班同学说好，要给芝梅更多的关心和爱护，不要在她面前轻易提起爸爸和妈妈，还让每个同学与她拉勾发誓。在她看来，这也许是另一堂人生课：学会关爱他人，照顾别人的感受，是孩子们应该学会的人生体验。

当芝梅来到教室时，没有遇到她想象中的异样的眼光和议论，一切仿佛都像没有发生过。她的座位依然干干净净，老师的笑容仍然亲切温暖，芝梅放心了。她放下书包，拿出课本，认认真真地听起课来。下课后，陈万霞果然找到芝梅，给她讲完了昨天的那个故事。

慢慢的，芝梅从失去父母的阴影中走了出来，她重新变得开朗、大方。2007年3月，是芝梅的生日。陈万霞照例在学校举行了隆重的生日大 PARTY，生日蜡烛燃起之后，芝梅低下头默默地许愿。生日聚会结束后，她悄悄找到陈万霞，问她："陈老师，你想不想知道我许的什么愿？"陈万霞笑着点点头。芝梅小声告诉她："我祝愿爸爸和妈妈在天堂互相陪伴着，永远快乐。"陈万霞的泪水奔涌而出，她一把搂住了芝梅。她知道，在那一刻，孩子幼小心灵中的死结已经打开，她不但接受了父母去世的这个事实，而且也理解了这件事。放下了心灵的枷锁，对芝梅来说，就是迈过她人生中最重要的一道坎。

老师不能代替妈妈

在阳光小学，有一部分特殊的孩子，他们的父亲或母亲不仅在外打工，而且还是单亲家庭。对这些孩子，陈万霞给予了重点关照。她不仅细心照顾孩子们的日常生活起居，不让他们冻着饿着，小心照顾不让他们生病，还更重视他们的心理健康，不让孩子因为单亲而封闭自己的内心。因此，每到这些单亲的孩子过生日那天，陈万霞除了给他们过集体生日，还会给他们买新衣服和新书包，让他们享受到久违的亲情。

陈万霞还给这些孩子准备了一个"特别节目",她会找每个孩子倾谈,让他们把心里话告诉她。这些心里话,大多数是对离异或去世的父亲或者母亲的思念,也有孩子对她谈内心最大的愿望,甚至有的孩子将压抑已久的对别的同学的嫉妒也说了出来。针对孩子们各种各样的心事,陈万霞耐心地当了一名倾听者,同时不遗余力地把孩子们心底的不愉快放到阳光下"晒太阳",她要把他们将来可能形成的心理疾患消灭在萌芽状态。

由于陈万霞对孩子们亲切和蔼的态度,她迅速成了孩子们最好的朋友和最亲的人。有的孩子跟她玩着玩着,就脱口而出叫"妈妈"。许多人认为,这是当老师的最高境界,能让孩子分不清妈妈和老师,这是多么难得的信任!陈万霞当然也尊重和珍惜孩子们对她的这份信任,但是,当孩子们脱口喊她妈妈时,她却犹豫了:她究竟该不该答应?她该不该取代孩子妈妈在他们心目中的位置?

在一次教师会议上,陈万霞还"小题大做"地把这个问题在会上提了出来,请老师们讨论。大多数老师认为应该答应,她们在教学过程中也遇到过孩子把她们当成妈妈的瞬间,因为阳光小学的孩子们长期缺乏家长的关爱,他们把老师当成妈妈,可以弥补母爱的缺失,让他们渴望母爱的幼小心灵得到安慰。但陈万霞经过慎重考虑后提出了一个担忧:"我们老师当他们的妈妈,确实可以暂时解决孩子们思念母亲而不得的痛苦,可是老师的爱毕竟不能代替父母。孩子们不是没有父母,只是父母因为生计原因,不得不离开他们,在远方工作。可是,他们背井离乡打工是为了什么?还不是为了孩子以后能生活得好一点?我们老师如果在孩子心灵的'空窗期'占据了本该由父母进驻的空间,这无异于对父母权利的剥夺啊!长此以往,孩子们会觉得'老师比爸爸妈妈好','我们有老师就够了,不再需要爸爸妈妈了',他们的父母知道这些会怎么想?他们难道不会伤心吗?这难道是我们教书育人的初衷吗……"陈万霞的一席话,如同一记警钟,让老师们猛然惊醒。是啊,当孩子们的"妈妈"确实能够在一时让孩子得到情感上的满足,然而从长远来看,这种"善心"恰恰有可能侵害孩子们与父母之间天然的亲情。老师们不得不佩服陈万霞思考问题的长远,同时为自己差点走上歧途的善心捏了一把汗。

陈万霞与老师们约定:在阳光小学,她们只当那些单亲孩子的"妈妈",但对于父母双全、家庭幸福的孩子,可以给他们付出同等的爱,但一定要对孩子们反复强调这样一个观念：老师不是不爱你们，但你们有爸爸妈妈，所以老师不能当你们的"妈妈"。

从那以后，阳光小学的老师们都自觉遵守着这一规则，并尽可能地让孩子们理解和接受它。起初，有的孩子心里很别扭，以为老师不想爱自己，这是老师找的托辞，看着孩子们可怜巴巴的眼神，陈万霞几乎要动摇了。然而理智使她很快便清醒过来，她知道自己作出的决定是对的，于是便坚定不移地执行下去。在她看来，走进孩子的情感世界远比单纯地教授知识更重要。在留守儿童的教育理念中，教育者不能简单地代替亲情，而是要想方设法地呵护亲情，引导孩子们理解父母，珍惜亲情。

六年级的学生肖雪是一个很优秀的女孩，她的父母长期在深圳打工。自从肖雪生下来后，他们就没回来过几次。一个又一个春节、六一，都在肖雪望眼欲穿的盼望和黯然的失落中过去，她对父母的情感由最初的盼望、渴求，慢慢变得麻木甚至憎恨。

陈万霞发现这一点，是由于肖雪的一篇作文。那次的语文课上，陈万霞给孩子们布置的作文题目是《爸爸妈妈回来了》，她的本意是引导孩子们回味爸爸妈妈回来那一刻的幸福感，让他们抒发对父母的温情。许多孩子写的都是爸爸妈妈回家后，给自己带了许多好吃的零食和好玩的玩具，自己与他们如何幸福地在一起，可肖雪的作文却与众不同。她写道："我希望我的爸爸妈妈永远也不要回来……我觉得他们已经不爱我了，既然不想要我，何必把我生下来？我恨他们……"孩子在字里行间对父母的恨意，把陈万霞吓了一大跳。这难道是一个六年级孩子的真实想法吗？

作文课后，陈万霞特意找到肖雪，与她谈心。当她耐心地引导肖雪谈谈她的父母时，肖雪却摇摇头说："老师，能谈个别的话题吗？我不想说他们。我从生下来到现在，一共只见过他们三次，他们长的什么样子，我都记不清了。虽然他们有时候给我打电话，可是我感到就像跟两个陌生人在说话。我觉得这种电话也没有什么意思，所以他们打电话时，我总告诉奶奶，让她说我不在家，或者我身体不舒服。还有，上次我听到我妈跟我奶奶说，要把我弄到深圳去打工，不让我上学了……"听到肖雪的话，陈万霞心里一惊，终于明白了她的心结所在。她决定，一定要想办法化解肖雪心中的郁结，不能让"仇恨"影响孩子纯洁的心灵。

陈万霞想办法拿到肖雪父亲的电话，给他打电话，询问他们为何这么长时间不回来看孩子。提到女儿，这个七尺汉子哽咽了。原来，他们夫妻俩都在流水线上工作，平均一天要工作 14 个小时以上，而且还不能随便请假。为了给女儿多攒点钱，夫妻俩拼死拼活地干。每年的春节，俩人都是先商量好今年一定回去看女儿，可是临到老板宣布春节期间有两到三倍的加班工资时，他们就又犹豫了：回家一趟不仅没了加班费，还得搭上几千元的路费和生活费，这笔开销对他们来说，意味着半年的工作白干了。所以想来想去，他们最终还是选择了在公司加班。对女儿，他们只能在电话中说抱歉。肖雪的妈妈因为想女儿，夜夜几乎都哭着醒来，最后她熬不住对女儿的牵挂，与婆婆商量想将女儿接到深圳来读书。但这句话被肖雪听到了，以为妈妈让她辍学打工，因而对妈妈产生了深深的怨恨……

得知事情原委后，陈万霞松了一口气。肖雪和父母的情感还没有完全破裂，绝对有救！她试探着问肖雪的妈妈："我感到孩子有点怪你，其实她不是怪你，是想你，却见不到你们。我有一个办法，看你那边能不能做到。我这里的电脑能够视频，你们如果能上网的话，今天就可以跟肖雪见面说话。"肖雪的妈妈还有些犹豫，但她爸爸却答应马上去网吧上网，与孩子视频见面。

陈万霞办公室有台电脑，这是全校唯一一台能上网的电脑。她与肖雪父母约定好时间，打开电脑连上了视频。肖雪坐在陈老师身边，当屏幕上出现爸爸和妈妈那焦急不安的脸时，她的眼泪一下子流了出来，她哭着说："爸爸，妈妈，我好想你们……"肖雪的妈妈在电脑那端也哭了，她说："小雪，好女儿，妈妈想把你接到深圳，不是想让你打工，只是想让你和我们在一起，妈妈好想你，天天都在想……"肖雪终于明白了母亲的苦心，她心中的怨恨瞬间烟消云散，她告诉母亲，自己在"阳光小学"过得很好，老师们爱每个孩子，同学之间也很友爱。听着女儿的叙述，肖雪的爸爸和妈妈频频点头，脸上的焦虑也一点一点淡化，取而代之的是欣慰的笑容。

在谈话即将结束时，肖雪与爸爸和妈妈约定：今年春节一定回家过，即使爸爸妈妈回不来，肖雪也要和奶奶一起到深圳看望他们。为了让爸爸妈妈放心，肖雪答应自己一定要好好学习，用最好的成绩回报父母为自己的付出。

看到肖雪与父母之间的误会终于冰释，陈万霞打心眼里感到高兴。她由肖雪的身上想到了其他孩子：能不能利用这台小小的电脑，在打工父母与孩子之间建立一条情感绿色通道，让孩子们与爸爸妈妈的交流更便利、更快捷呢？陈万霞想到做到，她给学生家长挨个打电话联系，给他们谈了自己的想法，并与他们约定与孩子视频通话的时间和地点。在她的努力下，一条无形的"情感绿色通道"很快建立起来了。每个周六和周日，孩子们就按照父母约定的时间，轮流到陈万霞的办公室与爸爸妈妈"见面"，每次的沟通约定在十五分钟以内。虽然只有短短的十五分钟，但他们却有说不完的话。细心的陈万霞在桌子上准备了纸巾、便笺和铅笔，有的孩子与父母聊着聊着就哭了，纸巾是用来给他们擦眼泪的，而便笺和铅笔用于记录爸爸妈妈对他们的叮咛。

"仔仔，你要好好读书啊，爸爸过年给你买个变形金刚好吗?""妈妈，您放心工作，奶奶和爷爷身体很好，我在这里过得也很好，不要操心……过年回来看我们啊!"……一句句暖心的话语，让陈万霞听得感慨万分又欣慰无比。一位五年级的女生曾经对她说："陈校长，我现在已经不怨恨爸爸妈妈，老师你说的很对，妈妈是世界上最亲的人。我看着妈妈瘦弱的身躯，才知道自己是多么不懂事。老师，谢谢你让我和我的妈妈见上一面，我会好好地爱妈妈。"孩子的话让陈万霞动容：这不正是她创建"情感绿色通道"的初衷吗?

阳光下的 "阳光信箱"

在开辟了 "情感绿色通道" 之后, 陈万霞很快又发现了新的问题: "绿色通道" 的时间有限, 孩子们有着太多太多的话想向父母诉说, 还有些已经或者即将进入青春期的孩子, 他们心里有好多事情可能连父母也不想告诉! 而这些心里话, 如果积蓄太久有可能再次给孩子们带来心理上的地震。如何能让孩子的心理压力得到充分的释放呢? 陈万霞想到了一个简单可行的办法。

她在每个班的教室门口挂上了一只信箱, 给它们取名为 "阳光信箱", 孩子们不论是想给父母、给老师还是给世界上任何一个人写信, 都可以放进这个信箱里, 说不定会收获 "惊喜"。这个充满神秘感的 "阳光信箱" 很受孩子们欢迎, 陈万霞几乎每天都能在里面发现几封信。

大多数孩子的信是写给爸爸妈妈的, 陈万霞从不拆开, 而是想办法直接转寄到孩子们的父母手中。她相信, 当年轻的父母们收到孩子用稚嫩的笔迹写来的亲笔信, 他们与子女的感情会更加深厚。也有些信是写给陈万霞的, 对于写给自己的信, 陈万霞总是会抽时间细细阅读, 然后认真回信。

　　有一次，一名五年级男生的信，引起了她的注意。这名男生名叫陈冲，他的妈妈生下他时死于难产，后来，陈冲的爸爸再婚，他只能与85岁的爷爷相依为命。特殊的家庭环境，使陈冲变得沉默寡言，性格十分内向，也很少和人说心里话，就算有了"情感绿色通道"，陈冲心中的想法也无人倾诉。因为爸爸忙着照顾他的新家，哪顾得上和他视频？但自从有了"阳光信箱"，陈冲仿佛发现了一个可以倾吐秘密的"树洞"，他开始写信，每一封信都是写给妈妈的。刚开始一周一封，渐渐地陈冲给妈妈一天写一封，甚至一天两封。看到陈冲写给妈妈那厚厚的一摞信，陈万霞心里难受极了。这些信注定无处可寄，但它们却是一个孩子最真实也最珍贵的心里话。

　　陈万霞决定帮助这个可怜的孩子，她用陈冲妈妈的语气给他回了第一封信："冲冲，你好。我是妈妈。你一定很奇怪我怎么会给你回信，其实，你写的每一封信，妈妈在天上都看得到，妈妈每天都在想念你。令妈妈欣慰的是，你是个好孩子，并没有因为妈妈的离去而自暴自弃……我希望你在学校能好好听老师的话，好好学习，争取考上重点中学……"五年级的孩子不可能想不到，这肯定是有人在"冒充"妈妈给他回信，但对于陈冲来说，他宁愿相信这个"谎言"。有了"妈妈"的鞭策，他学习更加认真了。在一次单元测验中，他考了全班第一的好成绩，陈冲在第一时间将这个喜讯写在信纸上，郑重地投进了"阳光信箱"。站在远处的陈万霞看到陈冲脸上那虔诚的神色，不由得落下了心酸的泪水。

很快，陈冲的信又得到了"妈妈"的回复，"妈妈"鼓励他要再接再厉，保持这个好成绩，并且还细心地指出他学习中的几个不足之处。这一次，"妈妈"还对他提出了要求，希望他课余时间能多和同学们交流，多交朋友，充实自己的课外生活。陈冲向"妈妈"说，同学们似乎都不太喜欢跟他玩，所以他很怕被拒绝。"妈妈"在信中告诉他：再大胆地尝试一次！或许这一次就能得到同学的认可呢？在"妈妈"的支持下，陈冲在课间真的向一组玩游戏的同学走过去："算我一个好吗？"出人意料的是，这一次同学们没有用犹豫的眼光打量他，而是痛快地答应了他的加入，大家一起玩得不亦乐乎……

陈万霞一直在关注着陈冲，当看到同学们接纳了他，她才长长地舒了一口气。其实，在前一天晚上，她就召集了陈冲班上的同学，请他们帮助陈冲，热情地接纳他。还好，孩子们都十分懂事，经过她一番教育后，他们都明白了不该将陈冲排斥于集体之外，所以才有了后来的这一幕。

在陈万霞的细心呵护下，陈冲脸上的笑容渐渐多了，他不再是那个孤僻胆小的男孩，2008 年下学期，陈冲被评为学校优秀学生，还当上了班干部。当站上领奖台的那一刻，陈冲的眼睛放出光芒，爷爷也在台下老泪纵横。陈万霞亲手将奖品和奖状颁给陈冲，他的眼泪刷刷地流了下来。他将头埋在陈万霞的怀里，清晰又深情地喊了一声"妈妈"！这一次，陈万霞没有拒绝。陈冲哽咽地对陈万霞说："其实，我早就知道，你就是那个天天给我回信的妈妈。"陈万霞将他更紧地搂在怀里，抚摸着他的头说："孩子，别怕，从此你就有妈妈了。"

"阳光信箱"开放以来，先后收到了 3000 多封信，帮助许多孩子解开了心结，阳光小学的孩子变得更自信、更阳光了，陈万霞的事迹也随之传播到四邻八乡。2009 年 4 月，陈万霞的事迹被中央电视台报道，一个名叫吴守国的观众看到了这期节目，他被陈万霞献身乡村小学，为农民工子弟打造"心灵天堂"的行为震撼了，他记下了屏幕下方的联系电话，并在节目结束后尝试着拨打了这个电话。

电话正是陈万霞接的，吴守国表达了自己对她的敬佩之情后，提出想帮阳光小学做点什么。得知吴守国住在合肥市区，本人也是上班族后，陈万霞婉拒了他想帮忙的要求。因为她考虑到吴守国上班比较忙，时间和精力都有限，怕给他带来太大负担。但吴守国是位摄影爱好者，他提出想帮阳光小学拍摄一些资料放到网上，以争取更多的社会资源。这个要求，陈万霞无法拒绝。

于是，从那天起，吴守国与阳光小学结下了不解之缘。他每次从市区赶到小魏村需要三个多小时，但是，只要陈万霞和阳光小学有什么需要，他都会第一时间赶来。他用自带的DV跟踪拍摄了大量阳光小学的老师和同学们学习和生活的资料，每天晚上还要整理这些资料，加上字幕和解说词，然后上传到博客和视频网站。因为工作量太大，陈万霞干脆在学校给他腾了间宿舍，如果当天的资料没拍摄完，吴守国就住在学校。

除了给学校拍纪录片，吴守国碰到啥就干啥，学校的花坛需要修整，他拿起泥刀就跟师傅一起干，看到墙壁需要粉刷，他又二话不说准备好了石灰浆，三下两下把墙刷好了……可以说，除了不能教书，吴守国什么都做。老师们开玩笑说，他就是学校的"万金油"。对这个称号，吴守国一点也不生气，反而感到很自豪。

看到吴守国为了帮助自己，牺牲了很多休息时间，甚至搭上油钱、路费，陈万霞很是过意不去，她有些愧疚地对吴守国说："小吴，我代表全校老师和孩子们感谢你，你为我们做得太多了……"吴守国却爽朗地大笑着说："陈校长，你不该谢我，要谢就谢你自己。是你带给我的感动，支持着我做这一切。能为阳光小学做点事情，我感到无比幸福。"陈万霞笑了，她不由得感叹：这就是我们的"阳光精神"！

在这种精神的带动下，越来越多的人知道并了解了阳光小学，也有越来越多的人愿意加入到帮助阳光小学的团队中来。随着吴守国发布到网上的资料越来越多，阳光小学的知名度迅速提高，许多人直接给陈万霞打电话，要求给阳光小学捐款捐物，或者提供智力和劳动力的支持。有一位音乐人被陈万霞的"阳光精神"深深打动，主动提出，给阳光小学写一首校歌。他连歌名都想好了，就叫做《你是我的阳光》……

面对来自四面八方的支持，陈万霞十分感动，也有些始料未及。她的初衷很朴素，就是不想让那些失去父母关爱的孩子们再失去上学和受教育的机会，希望这个社会将来少产生一些阴暗和对立的情绪。她也深知个人的力量有限，只想尽力做好自己眼前能做到的事情。但她没有想到，自己的行为如同"一石击起千层浪"，竟引发了社会上这么多人的共鸣。她想，这也许就是"温暖的力量"。

阳光小学渐渐走上了正轨，以前曾经怀疑和反对陈万霞的人们也在慢慢改变着看法。许多人自发地赶到阳光小学观摩学习，当他们走向那座三层教学楼时，远远就可以看到黄色的墙体上写着"学校是我家，老师是爸妈"。这几个字真实而温暖地表明了孩子们的心里话。到 2009 年，阳光小学已经从最初的 64 名学生上升到 300 多名。越来越多的留守儿童，找到了这个温暖的港湾——孩子们受到犹如父母般的呵护。在这个港湾里，孩子们笑得天真烂漫；在这个港湾里，孩子们不会再感到孤独。

做好这个"当家人"

陈万霞细心地浇灌着一棵棵幼苗，使得它们茁壮成长。从阳光小学走出来的孩子很快就展现出优秀的素质，不论是文化课，还是美术、音乐、舞蹈、体育，都多次在乡级、县级甚至市级的比赛中获奖。一个本来几乎被人们遗忘的角落突然被照亮了，阳光小学像一颗新星般冉冉升起。群众从开始的怀疑、观望转变成赞赏和支持；领导们也开始格外关注，县领导、市妇联的领导们来看望孩子们，勉励大家好好学习，为阳光小学继续争光；合肥市少儿图书馆还在阳光小学设立了一个分馆，免费为孩子们提供千余册图书，这一举动极大地丰富了孩子们的课外知识。2009年，阳光小学被县教育局推选为"省级优秀学校"的候选学校，这也是肥东县唯一获此殊荣的学校。2010年，合肥市教育局将阳光小学纳入到合肥市促进民办教育发展专项资金对口支持的学校范围中，下一步，合肥市教育局还将给阳光小学安排一名专门的体育老师和音乐老师，以弥补学校这两门课程至今由其他任课老师兼任的缺憾。与此同时，肥东县委、县政府还为学校配备了一套多媒体投影设备，县民政局为住校学生提供了被褥，县教体局配备了体育器材，县卫生局为学校改建厕所……

更让陈万霞感到兴奋的是，县教育局打算在阳光小学成立一个新的"留守儿童之家"，并帮助阳光小学建设120平米的学生餐厅；在合肥市委市政府的关心下，合肥市南门小学、稻香村小学与阳光小学建立了"手拉手"伙伴关系，从师资力量、教师培训、教学设施建设、教学设备完善等方面对阳光小学给予支持；在不久的将来，阳光小学还将被纳入县中小学校车配备和管理范畴，这就意味着，孩子们有可能每天回家，与亲人见面……

这一桩桩、一件件的事情给阳光小学带来了越来越多的新变化，令陈万霞和学校的老师们都看到了希望。2008年，陈万霞被评为"合肥市十大新闻人物"，2010年被评为肥东县首届道德模范，2011年获合肥市第二届道德模范提名，中国好人榜好人提名，荣获"最美合肥人"的称号。

然而，个人的荣誉对陈万霞来说，仅仅意味着阳光小学被更多的人所知道和关注，她最关心的除了孩子们学习条件的改善，还有老师们生活和工作待遇的提高。

2010年，有一位爱心人士给阳光小学捐助了10万元钱，这笔钱对陈万霞来说不是小数目，她决心要把每一分钱都用好，用在刀刃上。

当时，学校有好几项事情亟待解决：厨房残破不堪，急需修缮；天气热了，孩子们几乎每天都要洗澡，可学校没有淋浴器具，只能用厨房的大锅烧热水，十几个孩子围着一个大盆一块洗。为了不让孩子们生病，老师们则动手给孩子们一个一个地搓背，150多名住校生，需要三四个小时才能洗完，老师们累得腰酸背痛。因此，为学校添置几台热水器一直是陈万霞的心愿。

但她还有一个心病：阳光小学的老师最初都是陈万霞的朋友，也有的是朋友的朋友介绍来的。但随着时间的流逝，有不少的老师都因为条件太艰苦、待遇太低而无奈地离开了。对他们的离去，陈万霞十分理解，却也十分惭愧。她一直在寻思着如何能留住更多的优秀老师，对一所学校来说，留住老师就等于留住了学校的魂、学校的根。目前学校的17名老师，都没有买社保，陈万霞很想给老师们买一份社保，虽然不多，但起码让大家有安全感，也有了愿意留下来的理由。

这两个想法在她头脑中打架，最终，陈万霞决定用这笔钱先解决孩子们洗热水澡的难题。她去县城办事时，特意去了家电市场。可是一打听，学校这么多孩子，至少需要五台热水器，加上水塔全部装好，需要三万多元钱。一口气花掉这么多钱，陈万霞有些心疼，她恋恋不舍地摸了摸热水器，决定回去考虑一下再说。

回到学校，天已经黑了，陈万霞发现保育员王雪菊还在洗孩子们换来下的几百件衣服。她心疼地劝道："王老师，晚上就不要加班洗了，明天白天再洗吧！"王雪菊却摇摇头说："明天还有一个班呢，白天根本洗不完。"王雪菊是从学校创立那天开始，就在这里工作的。这么多年，她一直任劳任怨。刚开始学校只有她一名保育员,如果哪个孩子生病了,她都是整宿整宿地陪着他们。时间一长,孩子们都直接叫她"奶奶",王雪菊也把他们当成了自己的孙儿、孙女。2010年夏天,孩子们还给了王雪菊一个惊喜,为她举办了一场别致的生日会。王雪菊又是感动又是高兴,她含着泪一个劲地说:"傻孩子们,奶奶都不知道自己是哪天生的……"

每当回想起这些细节,陈万霞就被老师和教职员工们的奉献精神感动着。她想,自己作为学校的创办者,虽然在外面获得了许多荣誉,但这所学校真正的奠基者和推动者,却是这些不离不弃跟着自己的老师们啊!在床上辗转反侧想了一夜之后,陈万霞下定了决心:要用这10万元钱替老师们先缴纳社保费,不能让老师们既流汗又流泪。这么多年,老师们没有一个人跟她提买社保的事,但陈万霞明白,他们其实是在体谅她,但这并不代表老师们付出的劳动不需要一个合理的保障。给老师买社保,既是她对大家几年来默默奉献的回报,也是一个用人单位应尽的义务。

主意拿定,第二天陈万霞就召开会议,一方面向所有老师说出了自己的想法,另一方面也想征求一下大家的意见。她说:"今天召集大家到这里来,是有一个好消息。有位爱心人士给咱们阳光小学捐了 10 万元钱，已经打到我们学校账户上了。大家都知道，我们学校需要用钱的地方很多，但我考虑来考虑去，还是想用这笔钱给老师们买保险。"陈万霞此言一出，老师们顿时兴奋起来。大家都说："太好了，哪怕工资微薄一点，但有了保险，老有所依，咱们也能安心干下去了。"买保险的事获得了全票一致通过，这件事就算定下来了。

可是这样一来，孩子们买热水器的钱就没有了。陈万霞当然舍不得孩子们受冻，她让自己的爱人钟志球帮忙，给学校砌了一口砖灶，专门帮孩子们烧洗澡水。自从陈万霞当上了阳光小学的校长，钟志球就成了学校不拿工资的义务工，他粗活、细活什么都能干，但这次买保险的名单中，陈万霞却第一个将他的名字划掉了。

有人曾问过钟志球：妻子为了阳光小学根本顾不上他们的小家，更顾不上照顾一双儿女，他这个当丈夫的一分钱工资没有，却要参与学校几乎所有的杂活，他就没有一点意见吗？面对人们的询问，钟志球总是憨笑着说："她的选择是对的，我辛苦，老师们更辛苦。都是为了下一代，我不计较这些。"陈万霞辗转从他人那里得知丈夫的回答，感动得热泪盈眶，她一遍又一遍地重复："阳光小学就是我和丈夫的另一个孩子，我是孩子们的妈妈，他就是全校孩子的爸爸……"

买保险的事决定之后，陈万霞马不停蹄地来到县社保局。可当她咨询相关工作人员后却得知，按照社保缴费比例，她每年要给每个老师缴纳近一万元钱的社保费，一年下来就是17万，10万元钱远远不够！而且，这还仅仅是一年的数字，如果第二年没有足够的钱继续缴纳保险，以后还要缴纳滞纳金。

走出社保局的大门，陈万霞的情绪从高峰一下子跌落低谷。她从汽车站慢慢地向学校走去，往日那么近的路，今天却显得那么远。刚走进校门，她最担心的事发生了，学前班的赵老师迎面走来。一看到陈万霞，她就高兴地问："陈校长，咱们的保险办好了吗？"陈万霞只得说："别急，不要着急。"赵老师一高兴，开起了玩笑："感谢CCTV感谢爱心人士感谢我们校长！"说完一路小跑地走开了。望着她的背影，陈万霞心里五味杂陈。

究竟该怎么办，陈万霞心里没谱，她决定找学校德高望重的吴老师商量。吴老师过去是村小的校长，管理经验很丰富。听陈万霞讲了具体困难后，吴老师沉吟良久才说："既然这样，那就只能先保证一部分人。"可是，学校的这些老师，不论哪个都曾与阳光小学一起共过患难：于老师大学一毕业就过来了，一待就是六年；任老师和唐老师在学校最困难的时候加入，她们都是陈万霞的老朋友，没有她们的支持，阳光小学根本不可能撑到现在；小李老师虽然来的时间短，却是学校唯一的体育老师，而且对孩子们特别好，现在还有个胆小的小姑娘每天跟着她一起睡呢……

一个一个掂量着自己的同事，陈万霞感到自己面对的是世界上最难的难题。最终，她只得与吴老师商量，只给在学校干满三年的老师先买保险，其他的老师，等学校条件好了后再买。按照这个标准，学校只有 6 名老师符合条件。陈万霞考虑得更长远些：10 万元钱再添一些，就够给这些老师缴纳两年的社保费了。

陈万霞再次召开了全体教师会议，迎着大家热切的眼光，她咬咬牙，把这个政策说了出来。她一口气说完后，顿了顿又说："目前没有上保险的这部分老师，也不是说就不买了，也许明年我们的情况好转，所有人就都可以买保险……"她的话还没说完，有的老师就低低地抽泣了起来。陈万霞的眼眶也红了，她十分愧疚地说："对不起大家了，都怪我无能，一将不才饿死三军。但我真的会想办法努力的，对不起……"

听到她这么说，老师们过意不去了。这次没有轮到买保险的赵老师含着眼泪说："陈校长，你别这么说。学校只有这个条件，不论谁买了，总有买不上的。你放心，我们一定会一如既往好好地为这里的孩子付出！"其他老师也纷纷表示理解学校的困难，听到大家的话，陈万霞一颗悬着的心才慢慢落了地，她站起来，挨个与老师们握手。她承诺：她一定会努力，让阳光小学的老师生活也充满阳光！

一切为了孩子，为了孩子一切

2012年6月，又是一个六一儿童节，阳光小学的孩子们准备了歌舞联欢。经历了种种风波后的陈万霞，这个时候总是最满足、最欣慰的。看着舞台上，孩子们娇嫩的脸蛋和灿烂的笑脸，听着他们动听的歌声，笑容不知不觉地爬满了她的脸庞。

最近半年，陈万霞俨然成了"明星"：4月9日、10日，央视10套《讲述》栏目以《阳光下的留守儿童》为题连续播出2集；4月16日至21日，央视新闻频道《走基层》栏目连续播出6集；6月18日至23日，央视《朝闻天下》栏目连续播出6集。截至6月25日晚，央视已连续推出18集陈万霞和阳光小学的节目，一时间引起了强烈反响。2012年9月，"寻找最美乡村教师"的大型公益活动在全国展开，陈万霞光荣地当选为十位"最美乡村教师"之一。

9月9日晚上8点整，"寻找最美乡村教师"大型颁奖晚会在中央电视台综合频道和科教频道同步播出。主持人白岩松评价陈万霞："陈老师是一个特别理性的带着感性做事的人。"与主持人握手后，陈万霞深深地向台下鞠了一躬。颁奖嘉宾是在阳光小学读学前班的小朋友黄思雨和他的父母。面对着像妈妈一样的陈老师，小思雨一下子扑到她的怀里。看着儿子对老师流露出毫无雕饰的真情实感，黄思雨的爸爸妈妈也忍不住抹起了眼泪。此情此景，让白岩松也感叹道："越来越觉得'陈万霞'这个名字太好了。如果说霞光是一种温暖的话，面对那么多孩子，十个、一百、一千都不够，叫万霞的时候，她能照顾更多的孩子。"主持人的话赢得一阵阵热烈的掌声。人们由衷地觉得，陈万霞仿佛就是上帝化身到人间的天使，专门播撒阳光，播撒幸福！

然而，身披盛誉的陈万霞，背后却是不为人知的朴素：

她在中央电视台参加直播那天穿的衣服，是在地摊上花 20 元钱买的；为阳光小学呕心沥血这么多年，她没有给自己的孩子辅导过一天功课，甚至没时间去看他们一眼。女儿初中毕业，她就为女儿选择了寄宿学校，为的是能腾出更多的时间给学校；她的家一贫如洗，所有的钱都投入到了学校的基础建设，她留给孩子们的，除了 30 多万元的外债，便是一颗火热的心。

当记者采访陈万霞的女儿钟韬玉，问及她对妈妈的感受时，她只用了一个字："累。"她说："我妈妈实在太累了，有时候我真的不敢想象，那么多，那么困难的事情，凭她一个人是怎么扛过来的。"钟韬玉和哥哥今年同时考上了大学，本来妈妈说带他们出去旅游，但眼看都开学了，还是没有排上"档期"。对儿女的歉疚，陈万霞只能暂时放在一边，她心里装的是更多、更大的事。

在陈万霞成名之前，她怎么也想不到，出名的同时也会给自己带来那么多的困惑。随着阳光小学得到的捐助越来越多，善款以及来自社会的捐赠品的管理和使用也变得越来越复杂和敏感。在最初的日子里，陈万霞一直坚持由自己来管理和分配这些财物。因为她的心底坦荡无私，而且她相信自己能用好每一分钱。换句话说，她不相信有比她更"抠门"的人。学校的老师和村民们对她也是百分之百地信任，他们觉得阳光小学和陈万霞个人之间可以画等号，她为了孩子们的这个"家"，连自己的小家都不顾了，她管钱还会有问题吗？但是，随着捐款捐物的增多，问题出现了：在当今社会环境下，一些善款被挪用、爱心被亵渎的新闻不时见诸报端，人们在献爱心的同时，对善款的去向和用途格外关心，稍有不慎，便会使捐助者和被捐助者互相产生不信任感，让一件本来皆大欢喜的好事，添了一抹说不清、道不明的蒙昧色彩。陈万霞经常关注新闻，看到这些报道后，她陷入了沉思：虽然说她自己心底无私，大家伙儿也都信任她，但毕竟学校越办越大，以前那种大锅饭式的管理方式已经不再适应现在的新形势了。为了让学校在纯洁的环境中走得更远，她理应着手建立规范化、制度化的捐款管理机制。

想到就做到。陈万霞召集全体老师开会，公开说出了自己的想法。她安排了专门的财务人员管理捐款资金，实行钱、账分开，校长审批的方式，争取将每一分善款用到实处。同时，她还安排了专人管理捐助物资，将其用途和去向作详细的登记。她还建立了捐助人档案，将捐助人与捐助物资的用途一一对应。这样，捐助人不论何时想知道自己的爱心捐助能否得到妥善使用，都能通过档案进行查询。

陈万霞的做法，得到了大家的一致通过和高度赞扬，她的困惑也迎刃而解。

但是，随着她的事迹被广大媒体报道后，来自全国各地的求助呈几何级数增长。对那些找上门来的家长，陈万霞一直耐心诚恳地帮助他们解决面临的困难。但从中也发现了一些不和谐的现象："阳光小学"本来是专门为外来务工人员子女服务的半公益性质的学校，但有些父母明明可以在家乡照顾孩子，但为了图省事，也把孩子往陈万霞这里送。甚至还有一些家长，因为嫌有残疾或缺陷的孩子麻烦，而把孩子当包袱往"阳光小学"甩。对这两种家长，陈万霞真是又气又恨。但仅凭家长的陈述无法鉴别他们托管孩子的动机，陈万霞只好增加了自己的工作量。凡是想送进"阳光小学"的孩子，其父母必须提供外地务工证明，以及老家街道办的证明。除此以外，她还不时进行电话访问和家访，争取让每个孩子明明白白、开开心心地走进"阳光小学"，也争取让真正需要帮助的孩子和家庭获得公平的教育机会。

"出名"带来了各种烦恼和麻烦，也使得工作量成倍增加，不到四十岁的陈万霞头发几乎全白了，要靠很重的染色剂才能遮掩住。让她尤其遗憾的是，因为要不停地应付很多教学以外的事，陈万霞不得不停掉了自己代的语文课。这让她很是不舍，那三尺讲台陪伴她走过了许多美好的岁月，那里留着她青春的激情。但现在，为了孩子们她必须蜕变。有时，她也会和丈夫一起回忆当年她站在讲台上简单而快乐的生活。

有人曾问过陈万霞："如果时光能倒流，回到最初的状态，你会作何种选择？"她沉思片刻，依然坚定地回答："我会作出与当初一样的选择。"

确实，因为社会各界广泛的报道，阳光小学获得了前所未有的支持：有一家捐赠单位向阳光小学捐赠了10万元助学金、价值10万元的物资及价值5万元的太阳能热水器。陈万霞正愁没钱给孩子们买热水器，现在终于有了，孩子们终于能洗上热水澡了！更令她高兴的是，自从她"出名"后，先后募集到200多万元善款。陈万霞精打细算，不仅用这笔钱给老师们买齐了保险，而且还有望建设新的教学大楼、添置电脑等现代化教学设备。

2012年的暑假，趁孩子们放假，学校的10项工程同时开工。站在蓬勃建设中的工地上，陈万霞感慨万端：等新的学期开学，孩子们就能在崭新的教学楼里上课，还拥有了新的食堂、宿舍和电教室！这对孩子们来说，将是一件多么美好的事！

深山红烛静静燃：
只为那"一个也不能少"的承诺
——记木兰县东兴镇西二屯小学教师刘效忠

他相貌普通，戴着一副旧眼镜，是丢在人堆里再也找不出来的那一类；他的腰微弯，背佝偻，看上去不过是个最平常不过的农村老头儿。可是，他却用31年的时光创造了一个属于西二屯的奇迹：这个只有20几户的穷屯子，没有不入学的适龄儿童，没有中途辍学的学生，先后有18名学生考入全国统招大学。当他被评选为 2012 年"中国最美乡村教师"时，人们才知道，这个奇迹的分量有多重：它不仅仅属于西二屯，也是属于整个中国的乡村教育。

他叫刘效忠。31 年来，他像田野里的蒲公英一样朴实，年复一年用青春与爱放飞着山里娃娃的希望。

当老师从当"修理匠"开始

木兰县东兴镇五一村西二屯，是木兰县最北端的一个村落。它坐落于小兴安岭余脉的大山深处，冬天天气寒冷，夏天雨水频繁，交通十分不便，雨天一身泥，晴天一身土，有"木兰小漠河"之称。整个屯子只有 20 多户人家，家家都是一穷二白。我们的故事，便从 31 年前开始……

那一年，刘效忠只有 26 岁，年轻英俊，又有初中文化的他担任着生产队的记账员、文书等好几份工作，是村里有名的知书识字的"能人"。虽然年轻，可他喜欢读书、喜欢思考，挣的工分最多，在村里很有几分威望。刘效忠怎么也没想到，村长登门后的一番话，竟改变了他人生的轨迹，从而改变了他几乎大半生的颜色。

刘效忠清楚地记得，那天晚饭后，村长来到他家，没说几句客套话便直奔主题："效忠，咱村的孩子上学太不方便，得有个老师，我看你行，你来当吧！"原来，西二屯虽然属于五一村管辖，但屯子四面环水，只有一条小路通向外界，一旦雨季来临河水上涨，将这唯一的通道淹没，西二屯就成了一个孤岛。多年来，西二屯的孩子只能到五一村小学去上学，但是从屯里到五一村有十多公里山路，孩子们真是苦不堪言。条件艰苦加上屯里的农民本来就不太重视文化，去上学的孩子越来越少，失学率一直居高不下。由于这个情况，村里向县教育局打报告，要求在西二屯开办一个下伸点，提高这里孩子的入学率。

听到村长一席话，刘效忠犹豫了。刚刚结婚不久的他，正与妻子一起经营着温馨的小家，照现在的情况发展下去，将来肯定能过上舒服的小日子。当老师意味着他要放弃目前优厚的待遇，从零开始，何况屯里根本不具备办学条件，在这个"下伸点"，他将是唯一的老师，前路的艰难可想而知……想到这些，年轻的刘效忠有些胆怯，只得含糊地应付着村长："这事，容我考虑考虑成吗？"村长满怀希望地看着他说："好！你考虑两天给我回话。不过效忠，我已经前前后后想了好多遍，你是咱村里最有文化的人，除了你，这事别人都干不了。"

送走村长后，刘效忠把这件事跟妻子说了。妻子是个贤惠大度的女人，丈夫把情况一说，她便明白了这个小家面临什么样的两难选择。但她也深深地懂得丈夫，他是个有责任心、有爱心的好男人，该怎么做，他懂。

在这几天里，刘效忠夜夜辗转难眠。究竟要不要当这个"孩子王"，他在头脑中想了不下上千遍。毕竟他还年轻，不甘心就此一辈子待在西二屯这个小山村。

第三天，村长果然上门了。一问刘效忠，他老老实实地对村长说："村长，我想过了。这个老师，我不想当。"村长的眉毛拧成了疙瘩，他十分失望地说："效忠，难道你就忍心眼看着咱们屯的孩子被人家看不起，将来惹是生非、走下坡路吗?"村长的话像一记重锤敲在刘效忠的心上。西二屯辍学的孩子很多，许多孩子上了一两年学就回家跟着大人学种地、放牛，更多的孩子则在外面疯玩、疯跑，打架闹事时有发生。邻村都传说，西二屯的孩子特别"野"，不但喜欢惹是生非，打起架来还特别不要命。孩子们之所以"野"，可不就因为没有学校，没有老师来教育他们吗?刘效忠陷入了沉思。

此时，妻子在一旁听到了村长与丈夫的谈话。她走过来轻轻对丈夫说："效忠，咱村的孩子太可怜了，如果有文化，老刘家的二蛋也不会……"提起二蛋，刘效忠的内心像被刀戳了一样。原来，屯里老刘家的二儿子前年因为没学上，一个人在家玩，看见自家炕沿下有一个小瓶，里面装着黑乎乎的东西，他还以为是糖浆，拿起来就喝了一大口。没想到他喝的竟然是农药……虽然经过及时抢救，二蛋保住了性命，但身体却从此变得孱弱不堪，失去了劳动能力。一想起二蛋的事，刘效忠便揪心地痛。他也明白，妻子此刻提起这件事是为了什么。思忖片刻后，刘效忠握起村长的手："村长，这件事，我答应了！"

君子一言，驷马难追。刘效忠作出这一承诺后，便开始紧锣密鼓地筹备起来。屯里给他的"学校"只有两间四面漏风的破土屋，屋里有一块大黑板、两盒粉笔和四五张缺胳膊少腿的课桌椅。

得知屯里要办学校，孩子纷纷闻声赶来。他们好奇地问："老师在哪里？"刘效忠指指自己的鼻子说："喏，我就是你们的老师。""就你一个人？"孩子们不相信地问。刘效忠笑了，拍拍他们的脑袋说："回去告诉你们的爸爸妈妈，从明天起你们就有学上啦！"

没有开学典礼，没有升旗仪式，甚至没有课本和书包，刘效忠的教师生涯就这样开始了。第一天，教室里只坐了四个学生。第二天,他挨家挨户去通知、做工作,又"拉"来了七个学生。就这十一个孩子,年龄也参差不齐,从七岁到十五岁都有。刘效忠根据他们的水平,给他们分为四个班。他找来三块木板,刷上黑油漆,教室里一共就有了四块黑板。刘效忠把这些黑板并列放在讲台上,让四个年级的孩子按从低到高的顺序坐在自己"班级"的黑板前,就开始了复式授课。

然而,这两间小土屋实在是年久失修,无法遮风挡雨。刘效忠"开学"时正值冬天,窗户全是破洞,北风呼呼地往里灌,孩子们的小脸冻得通红,坐在破烂的桌子前发抖。刘效忠发愁了:要改善教学条件,房顶和墙壁都需要修缮,桌椅也需要修理,窗户也得堵上……可他只有一个人,这一切对他来说太难了。

难又如何?刘效忠充分发挥了他的好学精神,他向屯里的木工师傅请教,学会了刨木头、钉钉子,又向泥瓦工学会了砌墙和粉刷。接下来,他从自家带来铁锤、钉子、木条,利用课余时间叮叮咚咚地把几套几乎要散架的课桌椅修好了。除此以外,他还无师自通地用村里搭伙房剩下的木料做了几套新的课桌椅。说起来是课桌椅,其实只是几块白茬木板拼接起来的桌子和板凳,但即便如此,孩子们也很欢喜，坐在新"桌子"上不肯下来。刘效忠这样做，是为了学校以后"扩招"作准备。

接下来，他在课间做的"工程"越来越多，越来越大。教室里没有玻璃，刘效忠就找来农用膜，叠得厚厚地，用钉子钉在窗户上，这下窗户再也不漏风了。教室里太冷，刘效忠又找人学了手艺，在教室一角砌了个土灶。因为他的手艺欠佳，这口土灶刚开始总是倒灌烟，把孩子们呛得直咳嗽。刘效忠仔仔细细地检查了好多遍，这才发现是因为自己把烟道修得太窄。于是，他把烟道扒开重新砌，炉子终于好用了。每天他就早早到学校，把火生得旺旺的，等孩子们陆续到校时，教室里已经暖烘烘的了。

教室的墙壁漏风，刘效忠又成了泥工，他从田里挑来黄泥，加水和稀，再混入稻草苴，一层又一层抹在墙壁上。刘效忠的远房叔叔看到他在忙活，弄得一身一脸都是泥，跟个泥猴似的，感到又是好笑又是心疼，赶紧过来给他帮忙。并且告诉他，像这种土坯屋，每年秋天必须要重新糊一次，这样墙壁越来越厚实，屋里也会越来越冬暖夏凉，刘效忠听得连连点头。

墙壁糊好，倒是不漏风了。刘效忠仍然觉得不完美，他从村里要来许多报纸，与孩子们一起动手，给难看的土墙穿上了一层"衣服"。有了这层"衣服",屋里变得温馨了许多。它还有一个另外的功效:孩子们下课时,就跑到墙上去"读报",这样无形中也会多认识很多字。刘效忠风趣地把这称做"识字墙"。

刘效忠像侍弄庄稼一样,精心地侍弄着这个破烂不堪的"学校",在他手下,学校渐渐越来越像个学校,也越来越散发出与众不同的气息。但有一天,他上完课在学校里溜达,总觉得还是缺点啥。他瞅来瞅去,终于发现:原来,学校缺一面国旗!他回想起自己上学的时候,每天的升旗仪式都让他觉得神圣、庄严,一天的学习从升旗开始,也让他学起来格外有劲。对!西二屯的孩子们就需要这种精神,我们也得有面国旗!

可是,红旗得到镇上去买,别说学校没这笔经费,就是有,也得步行二十多公里,还得等到赶场的时候。心急的刘效忠等不了那么久,他回家找妻子商量,把她出嫁时带过来的那块红色的绸被面贡献出来,给学校做面国旗。妻子一听他的话,眼睛立刻瞪圆了:那可是她最心爱的嫁妆,何况这床被面他俩现在天天正用着呢!但刘效忠软磨硬泡,妻子最终还是心软了。她把被面拆下来,裁剪成国旗的大小,还用金色的丝线在上面绣了一大四小五颗闪亮的星星。捧着这面国旗，刘效忠激动极了，他在家里找了一根三米多长的木棍，小心地把国旗挂了上去。

从那天起，西二屯下伸点就有了国旗。每天早上，刘效忠领着孩子们站在国旗前，庄严地唱起国歌，前一天表现最优秀的孩子便有资格担任升旗手。在他的教育下，孩子们知道了国旗的来历，听到了许多抗战故事，他们看待眼前这面国旗的眼神也越来越神圣。刘效忠在心里微笑了：懂得敬爱国旗，是做一个大写的"人"的第一步。

"西二屯的孩子，一个也不能少！"

西二屯属于极贫地区，物产不丰，土地不肥，当地农民生活十分困难，吃不饱肚子也是常有的事。二十几户村民散落地居住在山洼里，有的人几乎一辈子没到过县城。上学读书、开阔眼界对他们来说，远不如吃饱肚子来得重要。因此，学生辍学在当地是极为常见的事，刘效忠费尽口舌劝来一个学生，可能上了两三天，因为一头家里牛病了、有弟弟妹妹需要看护、没有烧饭、需要人割猪草等意想不到的事情，这个学生就轻易流失了。任何一件小事都能成为让孩子不上学的理由，迟到、早退、请假、旷课更是家常便饭。学校的学费其实并不高，当时一个孩子一学期只收一元钱，可就是这点钱，村民们也不愿意掏，在他们眼里，这可是一家人半年的盐钱。

学校开学时，刘效忠曾千方百计招到 11 名学生，但他统计过，屯里适龄上学儿童至少有 20 多名，他的"雄心"是要把这些孩子全部弄到学校来。西二屯的农民够苦了，他不希望他们的下一代仍在这里戳牛屁股，脸朝黄土背朝天。但他的一番苦心，农民们起初并不买账，每天早上他都在担心教室里的小脑瓜会不会又少了一个。

一个名叫王晶的女孩，母亲很早就离开了这个家，父亲又遭遇车祸去世，她与年迈多病的爷爷相依为命。她本来是西二屯下伸点最早的一批学生，可是父亲出事那天，她被叫回了家，从此再也没在教室出现过。刘效忠原以为孩子参加完父亲的葬礼后就会回来，可是等啊盼啊，王晶却始终没有回来。刘效忠心说糟糕，这孩子八成难得再回课堂了。王晶是个极为聪慧的小女孩，八岁的她远比同龄的孩子领悟力强，也更懂事，这样的孩子放弃读书，作为老师的刘效忠心疼！他决定去家访。

来到王晶的家，果然不出他所料，孩子的爷爷愁眉苦脸地告诉他，这个家里只有他们祖孙俩相依为命，王晶如果不在家里帮忙干活，连她自己都养活不了。看着孩子可怜巴巴地望着自己，刘效忠咬咬牙说："王晶，要是老师愿意养活你，你愿意去读书吗？"王晶和爷爷都被这句话惊呆了，要知道名义上是西二屯下伸点"校长"兼"老师"的刘效忠，拿到的工资也十分微薄，而他自己还有两个儿子需要养活，再养一个孩子谈何容易！但刘效忠显然已经下定了决心，他用坚定的目光看着王晶，等待她的回答。

望着老师殷切的眼光，王晶含着眼泪点了点头……

当天，刘效忠就拉着王晶的小手走回了课堂。从那天起，他家就相当于多养了一个闺女。在那个年代，家里多一口人意味着什么可想而知。刘效忠十分感谢妻子，叫王晶来家里的事他事先根本来不及和她商量，但妻子看到他领回一个小姑娘，却什么也没说。不仅如此，吃饭时她还专门把好菜往孩子碗里夹，看着小姑娘吃得津津有味，她眼里泛出温柔的光芒。在此后的几年里，王晶的学费和生活费全部由刘效忠负担，但他却为又留住了一个孩子而感到十分欣慰。

相对于王晶来说，朝鲜族学生金明明就更让人心疼。金明明的父亲体弱多病，丧失了劳动能力，他的母亲去韩国打工，多年杳无音信。金明明从很小的时候起就帮父亲撑起了这个家，他每天不但要做地里的农活，还要做全部的家务活，照顾生病的父亲。但让刘效忠感到心疼的是，即使有这么重的家庭负担，金明明读书的愿望仍然十分强烈，每天上课的时候，刘效忠能感到他的双眼紧紧盯着自己，像一块渴望吸收知识的海绵，生怕漏过了一点点有价值的信息。可这个好学的孩子，却因为家里事情太多，反复辍学、复学好几次。每一次，刘效忠都要亲自跑到他家里去，苦口婆心地劝说。可每一次金明明回到学校不久，就又因为父亲病情加重，或是要忙农活而再次回家。两年来，连他自己都记不清自己是几"进宫"了。

金明明因为缺课太多，成绩明显跟不上，与他同龄的孩子都已经正常升班，可他总在二年级逗留。时间一长，他自尊心受到伤害，不愿意跟原班的同学说话，下课也不爱找人玩，性格慢慢变得孤僻。刘效忠看在眼里，急在心里。对这个孩子，他倾注了更多的关心。刘效忠知道，金明明自尊心特别强，他虽然需要帮助，但决不会愿意被人同情。于是，他首先私下找别的学生谈话，给他们讲了金明明家的特殊情况，并高度赞扬了他一个人撑起全家很了不起，希望同学们主动向他靠拢，不要孤立他。听了老师的话，孩子们眼睛瞪大了，想不到沉默寡言的金明明竟然这么不容易，他们眼里流露出敬佩的神情。刘效忠与孩子们拉钩：一定要帮助金明明找回自信，让他在学校里找到快乐，不会轻易离开学校。

从那以后，金明明发现，主动找自己玩的同学越来越多，他还经常得到老师的表扬。每次表扬金明明后，刘效忠还要奖励给他一些本子、铅笔，这些恰恰是他最需要的。慢慢的，金明明在学校里找到了自信和温暖，他越来越依恋学校。随着他年龄增长，也慢慢学会了合理安排家务事，他把地里的庄稼打理得井井有条，父亲照顾得十分妥帖，再也没有缺过课。笑容，再次回到了他稚嫩的脸上。刘效忠很有成就感："拉"回一个学生，不是简单地让这个孩子坐在教室里，而是让他（她）从身到心都经过一番洗礼和历练，是一个长大的过程。

在刘效忠从教多年的历程中，"劝"学生回归课堂的故事数不胜数，然而令他付出最大代价的，则是一个名叫李冬雪的女生。与前两个孩子不同，李冬雪家虽然父母双全，可全家却有七个孩子，是典型的农村超生家庭。她的父母又有重男轻女的思想观念，认为全家人饭都吃不上，闺女以后也是人家的人，不如早点在家帮忙干活，何必读书上学？在这种观念下，李冬雪勉强读了一学期，第二学期刚上了几节课，突然有一天没有请假便不来了。

　　说心里话，刘效忠很喜欢李冬雪这个学生。这女孩虽然言语不多，但眉眼间透着灵气，刘效忠因为采用复式法教学，在教别的"班级"时，便让李冬雪当小老师，代替他督促学生们完成作业。每次当刘效忠给别的班讲完课时，李冬雪便已经按时收好了同学的作业本，还细心地按座位顺序排好，交到了老师手上。有了这个小帮手，刘效忠的工作效率提高了很多，他也认定这个品学兼优的女孩以后是个不可多得的人才。但是，就是一个这样优秀的女孩，她的父亲却死活也不让她再上学了。

　　刘效忠往李家跑了好几趟，每次都被李冬雪父亲硬邦邦地顶了回来："我家的闺女我做主，刘老师，你忙你的去吧！"一句话噎得刘效忠喘不过气来。他不死心，一遍又一遍地去劝说李冬雪的父亲。去的次数多了，李冬雪的父亲远远见他便绕道走。面对这样不理解的家长，刘效忠也没辙了。但是，遇到困难便放弃不是他的性格。他想起自己刚刚入职时在心里发下的誓言：西二屯的孩子，一个也不能少！虽然这句承诺没有说给任何人听，但他绝不会因此而对自己的誓言打半点折扣。他决定：不管付出多大代价，也要把李冬雪劝回课堂。

那年的冬天特别冷，大雪纷纷扬扬地下了好几天，整个世界变得白茫茫一片，屋外积起了一尺多厚的雪。刘效忠上了一天的课，晚上想起李冬雪的事，怎么也睡不着，第二天凌晨五点就醒了，他打算再去一趟。学校通往李冬雪家只有一条小路，因为下雪，又被人反复踩踏，路面变得泥泞湿滑，刘效忠顾不了那么多，一步一滑地朝李家走去。他坚信，精诚所至，金石为开，总有一天，李冬雪的父亲会相信自己的话，给这个女孩一个宝贵的读书机会。

好不容易快到李冬雪家，由于天冷，她家门前的一条河结了厚厚的冰，刘效忠为了抄近路，决定不从桥上走，直接从冰面上走过去。但是，他脚底本来就有湿滑的泥浆，再加上心情急切，走到冰面当中时，突然一下滑倒了，他重重地跌下去，再也站不起来了。

不知道过了多久，刘效忠感到自己全身都被冻得麻木，连大脑似乎都被冻住了。冰天雪地的大清早，河边一个行人也没有，刘效忠意识到了危险：再这样下去，自己一定会被冻死在这里！于是，他拼尽全身最后一点力气，努力从冰面上站了起来，拖着扭伤的脚，一瘸一拐地朝河对面走去……

当李冬雪的父亲打开房门，发现头发、眉毛上都冻出冰凌，还拖着一条伤腿的刘效忠站在门外时，他被惊呆了："刘……刘老师，你咋来了？"得知刘效忠为了劝女儿上学受了伤，还差点冻死在冰面上，这位倔强的汉子终于流下了愧疚的泪水："刘老师，我对不起你，你带冬雪回学校吧。"他又转过身对女儿说："冬雪，就是为了刘老师，你也要好好读书！"

李冬雪回来了！这件事对于别人来说或许不算什么，但在刘效忠心中，在西二屯村民的心中，却不亚于一场战役的胜利。这件事让大家知道了：刘效忠为了办学舍得豁出命来，对于这样的老师，谁还忍心辜负他的一片苦心呢？自从李冬雪复学之后，刘效忠再劝其他的家长就变得容易多了，到了他办学的第三年，他终于实现了自己的"人生目标"：屯里20多个适龄儿童全部入学，一个也没有少。

虽然孩子多了，刘效忠的工作量成倍增加，但他却感到浑身有了使不完的力气。每天上课，给孩子们布置了作业后，孩子们低头沙沙地在纸上写着，刘效忠便背着手，一圈又一圈地在他们身边徘徉，那心情不亚于农夫在看着自己心爱的庄稼。看着孩子们埋头认真地学习，刘效忠仿佛听到了麦苗拔节成长的声音。

"孩子，你们就是我手心里的宝。"

千辛万苦地把孩子们聚拢之后，刘效忠就对他们倾注了全部的心血。学校门前的那条小河一到汛期就会涨水，一座歪歪斜斜的木板桥不是被水淹没，就是被冲走，刘效忠一到这时便早早地来到河边，挽起裤脚等待着。早上七点左右，学生们陆续来到河边，刘效忠便一次又一次淌水把他们从河对岸背过来。放学后，又把他们一个一个背过河，送到回家的路上。

有一次，刘效忠正背着一个学生过河，突然感到脚下一阵刺痛，河面上顿时飘起几丝殷红的鲜血。刘效忠知道自己的脚被割破了，但他强忍住疼痛，什么也没有说，硬是咬着牙把孩子背到河对岸。等把所有的孩子几乎都送完了时，一个孩子指着他的脚害怕地大叫起来："刘老师！你的脚流血了！"此时，刘效忠脚底的鲜血已经浸染到河边的石头上，他抬起脚一看，被锋利的石头割伤的脚底已经是血肉模糊……

寒来暑往，所有的学生都曾趴在刘效忠并不宽厚的肩背上，一次又一次地趟过这条小河，河边的石滩上，也不止一次留下他带着血迹的脚印。孩子们在他的背上，一次次感受着师恩。有一天，一个孩子趴在刘效忠背上，在他耳边悄悄说："刘老师，等你老了，我来背你。"就这一句话，让刘效忠顿时泪流满面，他觉得自己付出的一切都是值得的……

1992年的春天，刘效忠正在学校上课，突然听到有人大喊："着火啦！着火啦！"他急忙跑出教室一看，离学校不远的山冈上，冒出一阵阵浓烟，大风裹挟着火苗，烧得毕剥作响。刘效忠倒吸一口冷气，学校离山冈仅有一步之遥，而且按照当时的风向，过不了多久山火便会危及学校。虽然他可以及时让孩子们撤离危险地带，但学校可是他费尽心血才建立起来的，一旦被山火吞噬，再建几无可能，西二屯的孩子或许又要陷入无书可读的困境……刘效忠不敢再想下去。他四处望了望，村民们大多在外出工，学校周围没有几户人家，火势不等人，刘效忠急忙跑回家，把家里不多的几床被褥全部抱来，在河沟里浸湿了，再蒙在校舍的房顶上，这样，至少可以延缓火势蔓延的速度。

做完这些后，他又火速跑去喊人，村民们得知山上失火，全都跑来救援。一阵忙乱之后，大火终于被扑灭了。满脸黑灰的刘效忠一屁股坐在地上，瘫软得站都站不起来。

大家跑近一看，刘效忠家的几床被褥被火烧得千疮百孔，再晚来一步，火就烧上房了。

学校终于被保住了，可是刘效忠家当晚却不得不睡在光炕上。倒春寒的天气，晚上依旧冷得直哆嗦，两个儿子在炕上抱成一团。刘效忠和妻子把俩人的外套当被子给两个孩子盖上，自己只能和衣而卧。对于刘效忠为学校付出的一切，贤惠的妻子一向支持，但这次，看到全家人连被子都没得盖，妻子忍不住又是气恼又是伤心地哭了。她数落丈夫："你当这个'校长'这么多年，家里没用到你的一分钱也罢了，可你也不能什么都往学校拿，现在可好，咱家里连被子都没得盖，比叫花子都不如……"妻子伤心的眼泪，让刘效忠心里也不好受，但当时火烧眉毛，他哪顾得了想那么多呢？为了平息妻子的怨气，他只好一遍遍赔着笑脸，保证等工资发了，就去买新被子。看到平日里为人清高的丈夫在自己面前不断赔小心，妻子不由得叹了口气，这件事就这么过去了。

1995年，政府投资大面积改造学校教室，刘效忠高兴得跟过年似的。虽然这所晴天漏风、雨天漏水的破教室陪了他十多年，这里的一点一滴都是他亲手打造，已经与他有了深厚的感情。但是，能让孩子们在崭新明亮的新教室里上课，仍然是他的梦想。现在，在政府的帮助下，这个梦想将要实现了，他怎么能不高兴？

校舍翻新工程开始后，上级领导建议让学生放假几天，但刘效忠为了不耽误孩子们上课，便想出了新办法。他白天把学生带到自己家上课，把家变成了"临时课堂"，校舍就可以继续施工。可那时，刘效忠的父母还住在他家，为了把房间腾出来给孩子们上课，他白天让年迈的父母寄住在邻居家，晚上再把二老接回来。而自己则白天授课，课余就跑到工地抬石头、垒墙脚，到村林场砍树，与工人们一起和泥、砌墙。晚上，当孩子们都放学回家，工人们也收工后，刘效忠怕建筑材料受到损失，便在工地上搭了个工棚，看守材料。

在刘效忠日日夜夜的守护下，新的校舍在他眼前一砖一瓦地修建起来。本来需要两个月才能竣工，刘效忠紧赶慢赶，硬是用不到一个月时间建好了。几间方方正正的大瓦房，宽大的讲台和窗户，明亮的玻璃，雪白的墙壁，与旧日的破土房不可同日而语。刘效忠站在崭新的校舍前，久久地凝视，久久地陶醉。

学生们搬进新教室那天，刘效忠特意给孩子们上了一课，让他们写了一篇作文《我们的教室》。孩子们有了切身体会，作文写得都很生动。有的写了旧教室与新教室的对比，有的写了搬到新教室心里十分快乐，但有个孩子却写道："不论是新教室还是旧教室，我都很喜欢。因为它们都是刘老师用自己的心血造起来的，只要有刘老师在，我们就有快乐和幸福……"看着看着，刘效忠的双眼被泪水模糊，孩子们懂得了感恩，这或许是他最大的收获。

自从走上了三尺讲台，刘效忠就成了屯里挣钱最少、工作最忙的人。每天上课、备课、批作业、家访忙个不停，仿佛一台永不停歇的机器。每天晚上，他家的灯总是最晚熄灭，那盏孤灯在山村宁静的夜晚显得格外醒目，也格外温暖。

这么多年来，刘效忠对屯里的孩子爱得巴心巴肝，屯里的乡亲们看得真真切切，他们给刘效忠取了个外号"老抱子"，意思是他就像一只老母鸡，爱护学生就像爱护自己的小鸡崽一样。村民们一看到他，总会善意地开个玩笑："'老抱子'，又去上课啦？"对于这个并不雅致的外号，刘效忠欣然接受。在他看来，这就是对自己的最大褒奖。

西二屯从前没有学校，屯里的孩子"野"出了名，即使刘效忠一直在努力，仍然不时有孩子调皮捣蛋，说脏话、打架闹事时有发生。面对这些情况，刘效忠就需要付出极大的耐心。

有一次，学校两个小男生因为一块橡皮争吵起来，进而发展为打架，一个脸被挠破了，另一个的衣服被撕了个大口子，俩孩子都认为是对方欺负自己，像乌眼鸡似的互相瞪着毫不让步。刘效忠看到了，把他俩叫到办公室，让他们说说情况。一看到老师出现，两个男孩就像遇到了包青天，纷纷说着自己的道理。刘效忠不紧不慢地听他们说完后，便开了口："好，你俩都找到了自己有道理的地方，现在，你们再说说自己的错处，看有没有哪些地方做错了。"小男孩你看看我，我看看你，半天没有开口。过了好一阵，其中一个男孩小声说："我，我不该先动手挠他脸。"另一个也紧跟着说："我把他衣服撕破也不对。"两个人没说几句，便不好意思地笑了。刘效忠告诉他们："遇到事情先要冷静，要学会站在对方的立场考虑问题，你们俩学习成绩都不错，但做人比学习更重要，明白了吗？"经过这一番"找错"教育，两个孩子心服口服，从那以后，他们俩反而成了好朋友。

刘效忠十分重视对孩子们的道德教育，除了让他们学会换位思考以外，他还以身作则，教会孩子们诚信做人，大方善良。良好的品德教育让西二屯的孩子们受益匪浅，在刘效忠的努力下，西二屯的孩子学会了文明礼貌，待人接物彬彬有礼。有一次，孩子们参加五一村小学的六一文艺汇演，西二屯下伸点不仅献出了一个精彩的文艺节目，更让人惊讶和叹服的是孩子们的精神风貌。与其他学校的孩子比起来，西二屯的孩子素质明显高出一截，他们表现得自信而沉稳，候场期间安安静静，对待其他学校的老师和学生都客气礼貌。大家惊叹：昔日的山村"野孩子"不见了，西二屯的孩子怎么看怎么像大城市出来的！这个评价，让西二屯的村民们也很是自豪，他们逢人便夸："刘老师就像如来佛，硬是把我们屯里的'小妖怪'们给收服了！"

西二屯的村民们生活十分贫困，虽然学费低廉，每次交学费还是让家长们犯难。作为本校老师，刘效忠的孩子本来可以享受免费入学的优惠政策，但他不但放弃了这个优惠，每学期还带头让自己的孩子最先缴齐，缴完之后再动员别的孩子缴。可是，万一有的孩子因为家庭困难，确实缴不上，刘效忠就会用自己的工资贴补。这么多年来，他给学生垫学费的次数多得数都数不过来。他的工资家里全年见不到几次，所有的开支全部来自妻子种地的收入。

1995年底，刘效忠的母亲生病住进了县医院，他因为工作忙走不开，也没去看望过几次。一天早上八九点的时候，他接到了弟弟的电话。弟弟在电话里很紧张地说："哥，妈好像越来越严重了，你能不能过来一趟?"弟弟的意思很明显，是怕母亲万一不行了，让母亲见见儿子最后一面。可刘效忠当时正上着课，只好对弟弟说："你等会儿行吗? 等我给孩子上完课，就打出租车过去。"弟弟在电话那头气得直跺脚，刘效忠也来不及多说什么，便把电话挂了。

等上完这节课，刘效忠正准备收拾东西去县城，可他一想，这个时候让孩子们放了学，他们家里的大人都在地里干活没回家，家家都是一把大锁，孩子们哪有地方可去? 万一在外面出了什么事可就糟糕了。这么一想，他决定把一天的课都上完，再去县城看母亲。

那天的课，他上得心神不宁。不时看看窗外的天色，在心里祈祷着："妈，您一定要挺住，等我来看您啊!"好不容易到了下午四点，刘效忠上完最后一节课，孩子们放学后，他便心急如焚地往县城赶。屯里离县城有180多里，没有高速，也没有柏油路，全是坑坑洼洼的小路，乡下地方哪里打得到出租车，刘效忠只得连跑带颠跑到18里以外的乡政府。等他跑到乡政府坐上长途汽车，天都黑透了。

晚上大约九点多钟，刘效忠上气不接下气地赶到医院，看到的却是母亲蒙着白被单的遗体。弟弟发疯似的捶打着他："不是早上就让你过来吗？你怎么现在才来？妈临终前一直喊着你的名字，她想见你最后一面哪……可你……你……"弟弟泣不成声，再也说不下去，刘效忠也伤心得泪流满面。他扑在母亲身上，哭着说："妈，是儿子不孝，儿子愧对您的养育之恩哪！"

办理完母亲的后事，刘效忠心中却留下了一个永远的遗憾。他能够想象母亲弥留之际对他的盼望，他从小就是母亲最喜爱的孩子。家中几个子女，也唯有他继承了母亲的事业，接过她的教鞭，成为一名光荣的人民教师。那天晚上，刘效忠做了一个梦，梦中母亲望着他慈祥地笑着说："效忠我儿，你不要内疚。妈妈当了一辈子教师，能理解你对孩子们的爱。你要用心把这份事业干好，让西二屯多出几名大学生，就算是报答了妈的养育之恩，妈在天上看着你呢……"看到母亲的面容，刘效忠激动得想要去拉拉她的手，一下子便醒了过来。

梦已醒来，泪痕犹在。刘效忠望着布满星星的夜空，坚信有一颗是母亲所化，他喃喃地说："妈，您相信我。您的儿子一定不辜负您的希望，让西二屯走出更多更多的大学生!"

走火入魔的"疯子老师"

从最初的不情不愿，到几年后的心甘情愿，再到现在的痴迷教育，刘效忠着了魔。不知是母亲的言传身教，还是村民以及孩子对他的信任与尊重，让他对这份工作格外用心，哪天不看到孩子们，他心里就空落落地像缺了点啥。有一次，他因为患了重感冒，几天起不来床，实在无法上课，便只好给学生们布置了作业，让"小助手"们督促完成。

课间休息时，听到孩子们在操场上的嬉闹声，刘效忠躺不住了，他让妻子搀扶着他坐在窗前，看着孩子们奔跑玩耍的身影，眼中流露出深深的怜爱。看到丈夫对孩子们深情的眼神，妻子也不由得微笑着摇了摇头。

病好之后，刘效忠又投入了教学工作中。通过这些年的教学实践，他深深感到自己文化知识不够用，然而上级领导一时也无力再为西二屯下伸点派出更多的师资力量，要想把孩子们教得更好，刘效忠只有从自己身上打主意。

为了给自己"充电"，刘效忠每过一段时间便到镇上书店买回一大摞教材自学，还参加了自考大专函授班。每天完成当天的教学任务后，他还要在灯下备课、准备第二天的教案，做完这一切已是深夜，他又捧起了自考教材……好多次，妻子已经熟睡，却又被他不由自主地诵读声惊醒，她睁开蒙眬的睡眼一看，墙上的挂钟已经指向凌晨三四点。

刘效忠凭着自己对教育事业的无限忠诚和痴迷，不但拿下了自考大专文凭，更让自己成了一位不拿津贴的儿童教育专家，他对儿童心理学展开过很深入的研究，并颇有心得。他撰写的教案也多次在县、市的教案比赛中获得大奖，当评委们得知这些高水平教案的撰写者只是一位来自山村小学下伸点的民办教师时，都十分惊讶，并连连叹服。

几十年的教学生涯，刘效忠摸索出一套行之有效的教学方法，并且在实践中不断创新。他跟孩子们在一起时很能"疯"，下课时，孩子们喜欢在操场玩老鹰捉小鸡，刘效忠就跟他们一块玩。他经常扮演老母鸡，护着一群"小鸡"左冲右突，一会就累得大汗淋漓。要是哪只"小鸡"掉队了，他就急了，跑得更用劲。最后如果"老鹰"认输，他就得意地一叉腰，招呼"老鹰"："过来！让我弹个响嘣儿！"扮演"老鹰"的孩子噘着嘴走过来，刘效忠鼓着嘴，瞪着眼，手指绷得弯弯的，那孩子吓得闭上眼，心想这下头上肯定一个大鼓包。没想到刘效忠"举得高，落得轻"，最终手指只是轻轻地在他的小脑门儿上"嘣"了一下。"哈哈!"看到"老鹰"被吓成那样儿，孩子们全都笑了，刘效忠也笑得像个孩子。

农村条件有限，孩子们玩的多半都是像"老鹰捉小鸡"这类不需要器材的游戏，还有丢沙包、丢手绢、木头人等。刘效忠最喜欢和孩子们玩的游戏就是"木头人"。由一个孩子喊"开始"，所有人都开始跑，跑着跑着，发起者喊"停"，这时所有的人都得变成"木头人"，保持原来的姿势不准动。谁要是动了，或者忍不住笑了，就算输。刘效忠每到这时候总爱笑，因为他看着孩子们有的弓着身子，有的抬起一条腿，有的跑了一半，那样子实在可爱极了。他一笑就算输，输了就惩罚，要唱歌。刘效忠从不因为自己是老师就搞特殊，输了就老老实实认罚。他唱歌跑调，连《小二郎》、《上学歌》、《学习雷锋好榜样》、《卖报歌》这样的歌都会跑到天上去，孩子们跑上来揪他的鼻子："老师，你唱歌咋跑调?"刘效忠也不生气，笑嘻嘻地说："因为老师是从月球来的，跑得远嘛!"孩子们顿时和他笑成一团。

在上课时，刘效忠是绝对的权威，哪个孩子犯了错误，他毫不留情地批评；但下了课，他就变成了孩子们的"大哥哥"，直到他年过五十，仍然如此。

有时候，妻子说他，年纪这么大了，不要再跟孩子们疯疯闹闹，一来当心闪着腰，二来怕人看见说他为老不尊。刘效忠却摇摇头对妻子说："爱妻此言差矣！你以为我和孩子们玩游戏，仅仅就是为玩而玩吗？你看，玩游戏能带动大家锻炼身体，对吧？第二呢，我输了也认罚，不搞特殊，这教会了他们什么？教他们任何人都要遵守游戏规则，要公平，对吧？第三，玩游戏可以培养团队精神，他们就知道，团结起来力量大，要对付强大的敌人，必须团结；第四……"妻子连忙打断了他："好好好，你当你的老顽童吧！玩个游戏还一套一套的！"刘效忠冲妻子乐了，这种寓教于乐的教学法还真的是他多年来的研究成果。

除了跟孩子们一起玩游戏，刘效忠还十分注重创新，在传统的教学内容之外，他注意从学生中发掘音乐、美术、阅读等小人才，并把他们聚在一起，组成了兴趣小组。每天放学后，兴趣小组可以在学校活动一节课。在远离了电脑游戏和电视机的偏远山村，孩子们的想象力和灵感空前丰富，他们创作出的作品有时候连刘效忠都感到十分惊讶。随着课外小组的成立，西二屯孩子的作品屡次在县里和市里组织的各项才艺比赛中获奖，也有越来越多的人知道了，木兰县有个西二屯，西二屯有个刘效忠。

除了发展孩子们的才艺，刘效忠还很注重培养孩子们的自信心。屯子里的孩子大多没见过什么大世面，对未来的发展也没有规划意识。为了让他们的心更宽、眼光更长远，刘效忠课间常带着孩子们坐在教室前的大树下，鼓励他们大胆说出今后的理想，并告诉他们，只要敢想，一定能实现。起初孩子们畏畏缩缩不敢说，刘效忠便不断引导，渐渐的，孩子们开始说出心中从来不敢向别人诉说的梦想："我想当医生！""我想像老师一样教书！""我想开拖拉机，科学种田！"孩子们梦想像彩虹一般绚烂，刘效忠鼓励他们：为了梦想，努力拼搏！他知道，孩子们小小的心灵里，需要播种梦想。有梦想，才会有未来。

2009 年，五一村的老校长退休了，县教育局领导有意让刘效忠出任五一村中心小学的校长，但他却婉拒了领导的好意。他说："我走了，对我个人的发展当然有好处，但西二屯的孩子怎么办？他们就是我精心种的'庄稼'，这一茬一茬的都等着我侍弄，哪有农民把庄稼撂荒，自己走人的事。"

一封"神舟八号"的来信

刘效忠与孩子们心灵相通，和他们建立了深厚的感情，其中最特殊的当属一个叫魏茂岭的男孩。

魏茂岭上学时已经快9岁了，但他上学后不久，刘效忠就发现他很爱学习，尤其是数学成绩好。但是，他们家的情况也很特殊。茂岭的妈妈患有严重的心脏病，不能劳累，他的奶奶年迈，父亲为了养家整天在外面拼死拼活地忙碌，而他还有一个年幼的弟弟。一家几乎全是老弱病残，只有父亲一个全劳力，是整个屯子最穷的人家。当时刘效忠去魏家劝说老魏送茂岭上学时，他就很犹豫："刘老师，我知道孩子该上学，可是你看看我们这个家，没个帮手怎么行呢？"刘效忠好说歹说，最终老魏总算同意让大儿子去上学。但他也给刘效忠打了"预防针"："只要家里有事，这孩子还得回来！"刘效忠连声答应，他只得祈祷魏家再也不要出事。

然而，意外的事情还是发生了。一天早上，刘效忠发现魏茂岭上课迟到了。他问："怎么回事？"跑得气喘吁吁的小茂岭却低下头没有吭声。刘效忠不再追问，他希望孩子在自己愿意的时候告诉他。

接下来的几天，茂岭几乎天天迟到。这个现象引起了刘效忠的警觉，他打算，等周末时好好找茂岭谈谈，不行就亲自上他家去看一看。可是，他没能等到周末，三天后茂岭再也没来上过学。

刘效忠匆匆赶往茂岭家，这才得知，原来几天前，茂岭的奶奶因突发脑溢血中风，导致偏瘫，生活不能自理，身边必须有人照顾。作为家里的一根小"顶梁柱"，茂岭被父亲派去照顾奶奶的起居。

起初茂岭不愿意辍学，跟父亲谈条件：每天早晨伺候奶奶洗漱、吃早餐后，再把中餐做好热在锅里，他再去上学。中午时，由妈妈热给奶奶吃。晚上放学，他再回家给一家人做晚饭，父亲答应了。可是，仅仅坚持了三天，茂岭毕竟只是个不到十岁的孩子，每天天不亮就起来做这么多家务，显然承担不了。最终，茂岭只得含泪答应父亲，离开学校，辍学回家。

得知这个情况，刘效忠的眉头拧了起来。对茂岭来说，辍学就意味着毁了他的一生，一个这么聪明的孩子，他将来完全可能干一番大事业，但他的前途或许就在十岁这一年被生生折断！刘效忠的心撕裂般地疼痛。但是，魏家的难题显然也急需解决，看着卧病在床的老人，他也犯难了。那天，他没再与老魏说什么，黯然离开了魏家。他永远也不会忘记，在他转过身时，小茂岭饱含泪水的眼睛。他的眼神中有乞求、有希望、也有失望，就如同一只被人遗弃的小动物。

茂岭的眼泪让刘效忠心都碎了，他想起了自己当初的誓言：西二屯的孩子，一个也不能少！他辗转反侧，寻思着两全其美的办法。天亮的时候，他已经有了主意。

当天晚上，他再次来到魏家，与茂岭的父亲商量：因为茂岭情况特殊，他可以给他特殊的待遇。在上学期间，老人需要护理的时候，让茂岭回家伺候老人，完了再回学校读书。至于落下的课程，他利用业余时间帮孩子补上。这无疑是当时最好的选择，只是，刘效忠要为这个选择付出更多的时间与精力。老魏激动得抓住刘效忠的手连声感谢："刘老师，谢谢你！只是，以后你要更辛苦了！"刘效忠笑着摇摇头，只要孩子能回到学校，让他付出再多他也觉得值。与老魏约定好了茂岭每天的"工作"时间后，刘效忠满心欢喜地离开了魏家。

临走的时候，茂岭不知打哪儿跑出来，一把抱住刘效忠的腿："老师，你真好……"泪水顺着他的小脸流下来。

刘效忠蹲下身，用粗糙的大手替他擦着眼泪："茂岭，男孩子不兴哭。你能回学校，就是老师最高兴的事情！你要是想感谢老师，以后就当个科学家让刘老师看看！"

从那天后的几年里，魏茂岭一直按照这个特殊的"作息时间表"，兼顾着照顾奶奶，学业也一点没落下。小学毕业后，他考上了镇里的重点中学，然后一路考上重点高中，最后成绩优异的他考上了南京航空航天大学。2006 年，他毕业后就职于航天科技集团公司，参与了神舟八号、神舟九号的设计，也受到过胡锦涛总书记的接见。

2011 年 11 月 1 日，随着神舟八号的顺利升空，"从西二屯下伸点走出一个科学家"的佳话也传遍了十里八乡。老魏为儿子感到无比自豪，他特意赶到学校，紧紧拉住刘效忠的手说："刘老师，我现在想起来都后怕！当年我一门心思让儿子辍学，要不是您鼓励我们全家，让茂岭重新上学，哪有他的今天！"刘效忠的双鬓已经染上白霜，对于当年这个得意门生，他也很是欣慰：当年他的预言神奇地实现了，魏茂岭果真成了科学家！但他仍谦虚地说："老魏，这是茂岭自己奋斗的结果，我只不过是个小小的引路人！"

然而，魏茂岭却一刻也没有忘记刘效忠这个"引路人"。神舟八号升空后，他难耐心中的激动，给刘老师写来了一封长长的信，信中感情真挚，情深意切：

"刘老师，您好！我庆幸我生在那个小山村，我更庆幸这个小山村有刘老师，我有幸成为您的学生，而且您教了我整整4年。

您选择了乡村最荒芜的一角——孩子的心田来耕耘。自小到大，我得益于许多良师，您不是知识最渊博的一个，但您是第一个扶我走上知识台阶的人。老师的形象在我们的眼里就定格成您的样子：亲切、朴实、有活力，写字一笔一画，讲故事绘声绘色，在冬季您默默地为我们生好炉火，让我们走进教室就感到家的温暖，夏天背我们蹚过那条小河走向文明和知识……在您目光的延伸中，我走出了小村，可老师却在贫穷的村落里驻足下来，最后在小村里扎下根。

您就像家乡田野的蒲公英一样朴实，在山野田间一年复一年用胸怀放飞着一代又一代的种子。用青春和智慧引领一拨又一拨的学生，我钦佩当年老师选择留下的勇气，然而正是因为您失去了很多，我们才得到了更多。名不见经传的西二屯小村走出了我们一批又一批的学子，我只是其中的一员，并且很光荣地成为了一名航天事业的工作者……"

几页薄薄的信纸，一行行熟悉的字迹，看得年近六旬的刘效忠老泪纵横。魏茂岭幼年时的镜头在他眼前一一闪过，这么多年来，他不计得失地为孩子们付出着，没想到这些可爱的孩子全都一一记在心间。他的付出从来不图回报，学生们的成就和感恩之心，就是对他最好的回报！

魏茂岭的信，被刘效忠珍藏起来。每当想念这个孩子了，他就拿出信来反复地看，看着看着，一丝自豪的笑容便浮上他已爬满皱纹的脸庞……

最骄傲的事："棒子屯"成了"大学屯"

其实，在刘效忠的学生中，魏茂岭只是其中之一。在昔日被视为"知识荒漠"的西二屯辛勤耕耘 30 多年，这个只有二十几户人家的小屯子，竟然先后有 18 名学生考入全国统招大学，几乎家家都有大学生。更重要的是，刘效忠用自己不懈的坚持让这个落后的村子意识到了教育的重要性和必要性。西二屯至今仍不富裕，但家家户户砸锅卖铁也要送孩子读书。刘效忠再也不用每家每户上门劝学，为了"一个也不能少"跑断腿、磨破嘴。

西二屯以前被周围的村子叫做"棒子屯"，意思是太穷，天天只能吃棒子面。从西二屯出来的人总被人瞧不起，可如今，随着从西二屯走出的大学生越来越多，这批孩子走上社会后都开创了一番事业，西二屯开始被人刮目相看，并渐渐全县闻名。现在人们只要听说哪个孩子是西二屯出来的，总会引来一番羡慕："是刘老师教的吧？成绩肯定很好！"西二屯的人们心里明白，这份荣誉全靠刘效忠，正是他30多年默默地扎根在这块贫穷的土地上，默默地不计得失地付出一切，才让这个贫穷的屯子看到了光明和希望。

而刘效忠最愿意看到和听到的，是那些已经"飞"出大山的孩子们给他寄来的贺卡和打来的电话。刘效忠的柜子里，珍藏着一个红色的包裹，里面包着学生们寄给他的信和明信片，他时常拿出来看看，如数家珍。

有一张照片，是一个胖胖的年轻男孩站在一辆大巴车旁。看到这张照片，刘效忠微笑着陷入回忆中……这个男孩曾经很调皮，在班上成绩并不怎么好，不仅家里不想让他读书，连他自己也觉得在外面疯玩比读书有趣多了，因此多次辍学。但刘效忠却苦苦劝说这个孩子重回学校，他语重心长地说："多读一点书，就可以多明白些道理，不管你以后做什么，起码首先都得做个'人'，对不对？所以，你一定要读书。"在刘效忠的规劝下，这个孩子最终走进了课堂，成绩一点一点升了上来，还读了高中。

高中毕业后，他跟着家里的亲戚到哈尔滨帮人开车。他的慷慨善良和乐于助人使得他有了越来越多的朋友，经过一番奋斗，他不但在城里娶了媳妇、买了大房子，还花一百多万元买了一部车跑长途。买下车的当天，他就拍了照片寄给刘老师。他在信中写道："刘老师，虽然当初我的成绩并不好，但您从未瞧不起我，您教我那些做人的道理一直在指引着我。我常常想，假如没有遇到刘老师，我会是什么样？答案很简单，没有您，或许我就是一个社会上的小混混，即使到了哈尔滨，连门牌号也不认得……"

还有一个叫李明的学生，到沈阳搞房地产开发，成了千万富翁，全家人都以他为荣。每次回家，他都开着豪华轿车，后面带着司机保姆一大群人，衣锦还乡，神气得很。村里人看到他时，总是啧啧称羡。虽然他如此高调，在刘老师面前，却始终像个当年的小学生。他每次一回家，放下东西就拿上礼物直奔刘老师家，进门先恭恭敬敬地行个礼。刘效忠问他最近忙些什么，他也老老实实、一五一十地回答，完全没有生意场上八面玲珑的样子。有人问他为什么那么"怕"刘老师时，他甚至有些腼腆地说："当年在学校调皮捣蛋，没少挨刘老师的批评。刘老师批起人来真厉害，看着和颜悦色，但那话却直钻到你心里去。这个世界上，刘老师是最了解我的人，我肚子里有几根肠子，没人比他更清楚。你说，我能不'怕'他吗?"

刘效忠听到他这么说时，忍不住哈哈大笑："你这个孩子，别看外表淘气，其实心底很厚道!"得到老师的夸奖，李明像当年一样兴奋又有些害羞地笑了。

对刘效忠来说，最幸福的时刻就是每年春节。那时，孩子们不论多远，都会从四面八方飞回屯子，来看望他们的恩师刘老师。与昔日的学生围坐在自家的热炕头，摆上小桌，让老伴炒上几个小菜，与学生们喝上两盅。一起回忆过往的童年趣事，谈谈现在他们生活和工作中发生的新鲜事……小小的土屋里弥漫着温馨，谈起当年刘老师与大家围坐在教室门前的大树下畅谈理想，年轻人们才惊讶地发现：那时候想当医生的，今天真的成了白衣天使；那时想当老师的，如今也成了光荣的人民教师；可是，想当拖拉机手的，却成了银行的总经理……笑谈当年的理想，孩子们不能不感谢刘老师在自己心中播下梦想的种子。正因为有了这颗种子，他们才有了奋斗的动力，才能发芽、开花，结出今天的硕果。

刘效忠送走了一茬又一茬学生，培养出了一个又一个国家的栋梁之才，可他自己却像一块毫不起眼的垫脚石，在偏远贫穷的山村里默默奉献着自己的韶华。32年，他从一个年轻英俊的小伙子，变成了一个饱经沧桑的老人，曾经挺拔的腰板佝偻了，曾经乌黑的鬓发花白了，曾经洪亮的声音沙哑了，曾经清澈的双眸混浊了……

这么多年来，其实让刘效忠最感愧疚的是自己的家人。因为他醉心于教学，家里的家务事从来就没有动过手，地里的活儿也指望不上他，妻子比一般的家庭妇女劳累得多。而他的工资都用来帮贫困的孩子交学费、买文具、给学校添置教学用具，几十年来家里没有用到他的一分钱工资，妻子却一直任劳任怨地跟他一起默默奉献着。刘效忠由衷地感谢妻子，感谢她在青春年少时的相知和这么多年来不离不弃的相守。作为一个乡村教师的妻子，她的奉献或许不那么容易看见，但是却更伟大！

对于自己的一双儿女，刘效忠也觉得亏欠了他们太多。孩子们小的时候，自己虽然是学校的老师，对他们的关照却比对别的孩子少得多。相反，两个孩子若是犯了错误，刘效忠对他们的批评就会更严厉。孩子们天天能看到爸爸，却很难得到他们渴望的父爱，这对孩子来说是一种怎样的煎熬？每每想起这些，刘效忠这个七尺汉子也不禁泪水涟涟。

然而两个孩子都很争气，成绩一直很优秀。对于父亲的"冷漠"，他们小时候曾经怨恨过，但随着年龄慢慢增长，看到屯里越来越多的孩子因为父亲的教育而走出了山村，改变了人生道路，他们开始重新审视父亲当年的"无情"，同时也开始渐渐理解和尊敬父亲的付出。

两个孩子在参加高考填志愿时，竟都不约而同地填报了师范院校。刘效忠十分高兴，不仅仅因为实现了子承父业的夙愿，他更高兴的是，孩子们真正理解了他的职业，领悟到了教师这个平凡职业的光荣和神圣。现在，他的儿子刘云龙年纪轻轻便在木兰县东兴镇完全中学任副校长，女儿刘颖也是木兰高级中学的骨干教师和年级组长。

每当儿女们聚在一起，刘效忠总要把他们带到奶奶的坟前，让他们给老人上一炷香，并虔诚地告诉长眠地下的老母亲："妈，您的心愿儿子替您实现了。西二屯没有一个孩子失学，家家都有了大学生。现在，咱们家是三代教师，您高兴吗？"一阵清风轻轻拂过，刘效忠感到，那仿佛是母亲欣慰的笑容……

刘效忠的付出，最终得到了人们的认可。2012 年 9 月，他光荣地当选为全国十大"最美乡村教师"。9 月 9 日，他来到北京中央电视台的演播大厅接受这份崇高的荣誉。当主持人宣布由一位特殊的颁奖嘉宾为刘效忠颁奖时，从后台走出来一个风度翩翩的小伙子，刘效忠一下子惊呆了：原来，走来的竟是多年未见，但一直保持着通信联系的学生魏茂岭！小魏快步走向老师，两个人都泪流满面，紧紧相拥。刘效忠感慨地说："小魏，你都长成大人了。"魏茂岭眼里却含着热泪："老师，您老了……"典礼上，魏茂岭几次哽咽，深深为老师三鞠躬。从北京领奖归来后，刘效忠一下子成了当地的名人。慕名来看望他的人络绎不绝，来采访他的记者送走了一批又一批。更多的则是想给学校捐款，帮助刘效忠大力发展农村教育的爱心人士。

龙江银行将价值十万元的电脑、电子黑板等物品捐助给学校。同时，又将十万元现金捐助给刘效忠，感谢多年来他的付出。银行的负责人说得很清楚："这十万元就是给刘老师个人的，这么多年来，他给西二屯带来的价值远远不止这些，但个人生活却十分清贫。我们希望这些钱，能让刘老师的晚年生活更幸福。"十万元，对于一个普通的农村教师来说，是他们三年多全部的收入。刘效忠的妻子拿到捐款后，感慨地对丈夫说："老刘，跟着你这么多年，我都没提过一点要求，这次我得提个要求：咱们拿着这笔钱，先去做个体检吧！"老伴说得没错，这些年他一心扑在工作上，老伴没日没夜地操劳，两个人有病也没钱、没时间去看，多年来身上早"积攒"下了关节炎、腰肌劳损、胃炎等慢性病，早就该好好检查治疗了。带老伴去城里大医院做个体检，也是刘效忠一直以来的心愿。

但是，自从老伴给他提了这个要求后，刘效忠就显得心事重重。过了几天，他郑重地对老伴说："你看，咱们现在虽然说也困难吧，但最困难的日子已经过去了，咱现在的工资也够花。我寻思着，这些钱若是用到学校，就会有更多的孩子成为国家的栋梁，你说这钱花得多值得。"老伴想不通："老刘，你说的道理我都懂，但你该奉献的也奉献了，现在咱俩年纪大了，该享受享受了。"刘效忠来了倔劲："不行。你看看咱们周围村子，还有多少孩子上不起学，多少学校等着买篮球架、买课桌椅，这钱我花不下去……"最终，老伴还是同意了刘效忠的提议，把十万元钱捐给了木兰县的教育事业。

得知这一消息后，人们对刘效忠夫妇更是肃然起敬。

他的事迹被人们广为传颂,而"刘效忠精神"也像蒲公英的种子一样传播四方,给更多的孩子带来新的希望与梦想。

2012年底,西二屯下伸点由于计划生育等原因生源萎缩,上级领导将下伸点与五一村小学合并。五一村小学的校长心疼刘效忠,只让他做任课老师,有心让他休息一下。但刘效忠却主动要求当一年级的班主任,他说:"这么多年已经习惯了看孩子,不让我看着他们成长,心里怪慌的。你放心,我还能干,干得不好你把我这个班主任撤喽!"校长无可奈何地摇了摇头,只得叮嘱他:"刘老师,您答应我,千万不要太累呀!"刘效忠则爽朗地大笑。儿子在木兰县城买了房子,早就邀请他和老伴一起去住,安享晚年,但他已经想好了:哪里也不去,在学校站好最后一班岗。就算退休了,哪怕和老伴一起在学校当个打更的,也要和孩子们在一起。

现在,刘效忠正在陪伴着新一批孩子慢慢成长。操场上,一面崭新的国旗迎着风猎猎飘扬。一只笨拙的"老抱子"带着一群"小鸡"在操场上奔跑。汗珠,从他不再年轻的脸上淌下,滴在学校的操场上。不远处,有一排新栽的白杨树,在蓝天白云的映衬下,显得格外生机勃勃。

那正是刘效忠用汗水浇灌着的一棵棵小树苗，在他的精心培育下，它们都会长成挺拔的大树，成为国家的栋梁之才。

残臂写出幸福路：

归来吧 "隐形的翅膀"

——记青海省西宁市湟中县汉东乡下麻尔村小学教师马复兴

2012 年 10 月，一堂语文课正在进行。48 岁的马复兴走上讲台，用嘴唇翻开课本，用一双残臂夹住细小的粉笔，在黑板上写下一排遒劲有力的板书："望庐山瀑布"。他放下粉笔，开始声情并茂地朗读起这首诗。讲台下，一张张小脸听得十分入神……

这样的情景，在青海省湟中县汉东乡下麻尔村小学极为常见。马复兴以这种特有的姿态，在青藏高原上这个偏僻的山村小学挺立了 32 个春秋。他说："今生别无他求，只求教书，我会坚持到生命结束。"

"我没有手，我要上学！"

马复兴的不幸，始于 1959 年的那个寒冬。来到世间仅 4 个月的他，被忙于下地干活，无暇顾及的父母放在火炕上玩耍。这个天生爱动的小婴儿刚刚尝试着爬到炕沿，惨剧便发生了：他跌进了炕沿下的火堆里，身上的衣服被烧着，顿时变成了火人，他哇哇大哭起来，可是没有一个人听见……

等邻居闻到烧焦皮肉的气味，觉得不对劲时，火堆里的婴儿早已昏死过去。母亲闻讯从地里赶回来，披头散发地从别人手中接过这个失去知觉、软耷耷的婴儿时，顿时惨叫一声："我的儿啊！"孩子全身的衣服几乎都被烧烂，一双小手也烧成了两根焦炭状的东西。

看着不断抽搐的孩子，爷爷说："娃他妈，这娃不成了，赶紧埋了吧！"说完含泪离开了。可母亲毕竟是母亲，孩子是她身上掉下的肉，她紧紧把这个小生命抱在自己怀里。

整整一天一夜后，这个命大的婴儿居然醒了过来，还张着小嘴找奶吃，母亲泣不成声……马复兴就这样奇迹般地活了下来，但他却永远失去了双手。

渐渐的，马复兴长大了。他从小就知道自己与别人不一样，小伙伴们能玩的游戏，翻翻绳、抓羊子儿，他都不能玩。但仿佛老天眷顾，他的性格并没有因为残疾而变得内向、自闭，反而成天乐呵呵的，不知忧愁为何物。不能用手玩游戏，他就兴致勃勃地围在旁边看；凡是不用手就可以参与的游戏，他总是比有手的孩子玩得还好。看着儿子成天高高兴兴地跟着别人傻玩，母亲背地里不知流了多少泪：儿子还不知道身有残疾的人，今后将在社会上遭遇比别人多得多的困难。但她反过来又安慰自己：儿子晚熟点也好，这样他的心里就可以晚一点承受痛苦。

马复兴4岁那年，一位下乡干部住在他们家。谈到自己没有双手，却是个天生乐天派的儿子，母亲禁不住眼圈又红了。那位干部摸着马复兴的头说："你也别发愁，你得让孩子上学，这样他以后才有出路。"年幼的马复兴不明白什么是"出路"，但他看到这位城里来的叔叔如此郑重地说出"上学"二字，便朦朦胧胧地领悟到了"上学"一定是一件很重要的事，看起来对自己的人生有很大帮助。

从那以后，每天哥哥姐姐回来，马复兴就趁他们不注意，悄悄用断臂从他们的书包里把课本夹出来，再用嘴唇一页页翻阅。课本上那些有趣的图画一下子就把他吸引了，他不认识上面的字，就努力用心记下字的形状。等哥哥和姐姐上学后，他就跑到院子里，用右脚蹬掉左脚的鞋子，用脚夹着块小石头，在院子的地上写写画画。时间一长，他发现石块不好用，就又换成了木棍。一天天过去了，马复兴很高兴地发现，自己也会"画"字了。

就这样，马复兴一转眼就8岁了，眼看村里比自己小的孩子都上了学，可父亲和母亲根本没有送自己上学的意思。下麻尔村的老师钟才寿多次登门给他家做工作，让马复兴上学读书，可是父亲始终不同意。钟老师望着马复兴乞求的眼神，也只得无奈地离去。

通往村小学的路就在马复兴家门口，每天看着同龄的孩子背着花书包，说说笑笑去上学，马复兴看得眼睛都直了。终于有一天，他鼓起勇气对母亲说："我要上学。"母亲叹了口气，摸着他的头没说话。父亲摇摇头说："上学是要写字的，你连手都没有，怎么写字啊？"马复兴不服气地说："我会写字，你们看！"他跑到院子里，用光脚夹起一根树棍，在地上端端正正地写下"上中下，人口手"，"前后左右"……一会儿就写了一大片，父亲数了数，足足有一百字！小儿子的行为把父亲和母亲都震撼了，他们终于同意让小儿子上学！

他们把儿子带到下麻尔村小学，马复兴脱下鞋，再次把自己的能力展示给校长看，打消他的疑虑，校长同意收下这个学生。从那天起，下麻尔村就多了一名特殊的用脚写字的学生。而他的班主任，恰好就是多次来劝他上学的钟才寿老师。

马复兴来到班上，钟老师请全班同学鼓掌欢迎，并让同学们多多帮助他。课后，钟老师把马复兴找到办公室，语重心长地对他说："复兴，虽然你没有手，但老师始终认为你是个有能力的孩子，你将来一定会干出一番了不起的大事业。所以，你一定要努力学习，一定要掌握一门能养活自己的本事。"马复兴望着钟老师信任的眼神，使劲地点了点头。

马复兴是班上最刻苦的学生。青海的冬天很冷，他光着脚写字，脚很快就冻得像馒头，继而裂开了大大小小的血口，根本没办法夹住笔。而且，用脚写出的字很大，太费本子，马复兴琢磨着还是得用"手"写。他尝试着用断臂前端夹住笔，在本子上写出大小正常的字。可是断臂没有手指，笔经常滑脱，他就咬着牙，用了吃奶的劲紧紧夹住。断臂前端很快被磨破了皮，渗出了血水，可他让母亲帮着贴了层胶布，还是不知疲倦地写、写、写……

看到小儿子这么不要命地练写字，母亲心疼了，同时她也认定：小儿子将来是个可以做大事的人。这是第二个这样评价马复兴的人，所以他也在心里坚信：自己一定能成功。

用"手"写字这件事，马复兴足足练了四年，记不清断臂上的肉磨破了多少次，也记不清脱了多少层皮。上四年级的时候，他已经能用"手"写出一笔灵动漂亮的钢笔字，书写的速度丝毫不逊于其他同学，字的大小也控制自如。

身体的残疾反而成了他学习的动力，他像一架不知疲倦的机器，贪婪地吸取着知识的营养。他付出了比常人不知多多少倍的努力，成绩也一直名列前茅。上初中后，他更是以优异的成绩被同学们选举为班长、团支部书记。自信，在马复兴的身上一点一点积累起来。他终于明白了：知识是有力量的，知识可以使人平等。

初中毕业后，马复兴以优异的成绩考入汉东中学高中部。在他们那个村子里，能读完初中的孩子少之又少，能读高中者更是凤毛麟角。马复兴高中毕业时，整个汉东乡读完高中的回族学生只有两个人，他是其中之一。

然而，马复兴的求学之路却在他高中毕业后戛然而止。由于成绩优异，他根本没有担心过考不上大学。整个高三，他都在拼命学习，全身心准备迎接"黑色七月"的到来。在他心中，七月不是黑色，而是红色的。只要越过那道门槛，他就能一跃而成为一名大学生，这对当时的下麻尔村来说，绝对是震撼性的事件。

在复习特别紧张疲劳的时候，马复兴就在心里一遍又一遍想象自己考上大学的那一幕：乡邮递员骑着绿色的自行车从小道上冲过来，一边大叫一边摇晃着鲜红的录取通知书："马复兴！你考上大学啦！"家家户户闻讯门窗大开，人们纷纷聚集在自己周围，惊奇地问这问那，父亲和母亲在一旁骄傲地微笑……每当想到这一幕，马复兴就觉得身体又充满了力量，胳膊似乎也不再那么酸痛了。

可是，当他向老师借了5元钱，满怀信心去报名时，却被告知残疾人不能参加高考。工作人员听说他连报名的钱都是向人借来的时，还反复劝他："把借人家的钱还了吧，别浪费这5元块钱了。"马复兴愣住了：残疾人不能参加高考？他不死心，一遍又一遍央求着，得到的却是同样的回答："你连手都没有，就算是考上了大学，毕业后哪家单位肯要你啊？你走吧……"那天的天气很热，马复兴却感到自己如同坠入寒冷的冰窟。自己为这个梦想努力了整整12年，得到的却是这样的结局！他一直以为知识可以让自己与别人拥有平等的机会，因此一直骄傲地无视他与别人的"不同"。但现在他才发现，这个"不同"其实一直都残酷地存在，只是自己以往不肯承认罢了。

他感到心里憋闷得几乎要爆炸。自己确实是个残疾人，但生活能自理，还能帮助家里干些力所能及的家务活儿，在学校也不需要任何人的帮助，反而还可以帮助不少同学。他不需要社会的同情与怜悯，而是积蓄了满身的力量想要为社会做些有益的事情，可这一切却输给了一个奇怪的逻辑：残疾人大学毕业后无法工作，所以不让残疾人上大学！他想大声呐喊：谁说我不能工作？谁能给我机会？

可在那个年代，他注定无法得到这个答案。命运，第一次给马复兴上了残酷冰冷的一课。

村小来了位"无臂老师"

从报名点回家后，马复兴就大病一场，高烧发到40度，打针、吃药都无济于事，整个人都瘦得变了形，把父亲和母亲都吓坏了。在模糊的意识中，他不断地喃喃呓语："我能工作……我可以做任何事情……求你了……"母亲看着儿子被烧得通红的双颊，听到他不断地呢喃，心都要碎了。她像小时候一样把儿子抱在怀里，希望这种方式能像上次一样，让儿子再次"活"过来。

或许母亲怀抱的温暖真有神奇的力量，这一次，马复兴在鬼门关走了一遭后，又晃晃悠悠走了回来。可是从那以后，他的精神就变得萎靡不振。他无处可去，也不想看书，整天无所事事瞎逛，要么就发一整天的呆。看到昔日性格开朗、自信的儿子变成现在这个样子，父亲和母亲十分痛心却又无可奈何。他们甚至开始商量，要不要让儿子去摆个小地摊，他好歹得有个糊口的本事啊，要不然父母离他而去后，谁来养活他呢？

此时的马复兴怀着难以释怀的伤痛，万念俱灰，他甚至想到了死。他趁家人都不在的时候，找到了床下的一瓶农药。他用嘴咬开瓶盖，准备一仰脖子把这些农药全喝下去，一了百了。没想到，农药瓶太滑，他用颤抖的牙齿咬起来时，竟然滑落在地，农药全部泼在了地上。马复兴跪在地上无助地大哭：一个残疾人真的就这么没用吗？连死都这么困难？

正在这时，母亲回来了，她闻到屋里浓浓的农药味，感到不对劲，赶紧冲进里屋，看到的是泼了一地的农药和满面泪痕的儿子。母亲顿时明白了一切，她发疯似的抱住儿子，一边哭一边说："孬娃子，你不要这样，你要是死了妈可怎么活啊？"在母亲的哭声中，马复兴仿佛突然醒了过来，他这才意识到：自己的想法太自私、太狭隘了，遇到困境只顾一死了之，根本没想过会带给母亲多大的伤痛！他在心中默默告诫自己：不管多难，也要活下去。

就在马复兴的人生走到彷徨不定的十字路口时，一个机会出现了。1981 年 3 月，县里一位领导来乡里视察工作，听说了马复兴的事后，对他的自强不息很是欣赏，他给乡干部建议：不如让这位身残志坚的年轻人到村小学代课，也好让他学有所用。这个建议得到了乡里的采纳，当时下麻尔村小学因为条件很艰苦，师资力量十分缺乏，马复兴要是能代课，还真能解决不小的问题。

　　得知要让他到村小当老师，马复兴的眼睛瞪圆了，他不敢相信这一切是真的。在他心里一直有个理想，就是能当一名像他的启蒙老师钟才寿那样的人民教师，然而大学梦的破灭让这个梦想也同时消失，没想到就在他对一切心灰意冷的时候，机会竟从天上掉下来了！

　　那天晚上，马复兴激动得睡不着觉，他整整想了一夜，自己该怎么走上讲台，该先说哪句话，说话的时候语气和语速应该怎么样……

　　第二天，马复兴一大清早就来到学校，跟随校长一起，走进给他配班的教室。可眼前的情景却让他愣住了：原本坐满了学生的教室里，竟然变得稀稀拉拉。原来，家长们听说下麻尔村小学来了个没有手的老师，根本不相信他能教孩子，纷纷把孩子领回了家。更令马复兴难堪的是，教室里坐着的孩子中，有一个是他的本家侄儿，就在马复兴准备开始讲课时，他的叔叔也沉着脸走进来对儿子说："还傻坐在这里干什么？赶紧回家给我种地去！"

　　见此情景，校长也有些无可奈何。他对着下面坐着的孩子说："同学们，今天我给你们带来一位新老师，你们高不高兴呀？"下面的孩子面面相觑，没有一个人吭声。

　　家长和孩子们的不信任，深深地刺痛了马复兴。但他深深地吸了一口气，仍然按照昨天晚上准备好的教案对学生们说："同学们好，我叫马复兴，从今天起，就由我来担任你们的语文老师。"那节课，马复兴使出了浑身解数，把课文讲解得生动有趣，深入浅出，孩子们都听得入了迷，然而马复兴很快就发现了一个尴尬：他不会写板书。虽然他能用双臂夹住钢笔写出一笔漂亮的钢笔字，但在黑板上书写与在纸上书写毕竟不一样，面对不足三寸的粉笔，马复兴束手无策……那一刻，他后悔昨天一夜为什么不在家练好粉笔字再来。

此时，窗外响起一片叽叽喳喳的议论声："连字都不会写，咋能教孩子？我看是来混饭吃的……""校长咋想的，弄个残疾人来当老师，把咱孩子当啥了？"原来，马复兴上课的时候，一些学生的家长仍不放心，三三两两地聚在教室外面悄悄"观摩"。

听到外面的议论声，马复兴难过极了。那节课，他感觉时间过得特别慢。好不容易熬到下课，马复兴夹起书本逃也似的回到了办公室。他呆呆地在自己的位子上坐了足有十五分钟，不断问自己：坚持还是放弃？最后，他给了自己肯定的答复，一股倔强的火苗在他心底顽强地燃烧。

要当老师，首先必须练好板书。马复兴用一块木板代替黑板，当天晚上就在家里练了起来。但这对他来说谈何容易：钢笔长、粉笔短，钢笔坚韧、粉笔脆性大，钢笔字用力要轻，粉笔字则要用力书写。马复兴用断臂夹起一支粉笔，刚写一下，粉笔啪地断了；他又尝试轻轻夹住粉笔，可还没靠近黑板，粉笔便掉在了地上。他弯腰艰难地捡起粉笔，一写，又断了，再写，又掉了……这个简单的动作不知重复了多少次，马复兴终于找到了合适的力度，他夹着粉笔，在"黑板"上歪歪扭扭地写下一句话：我要当老师。写完这句话，马复兴哭了，这是他的心声。对别人来说，这或许不算什么高不可攀的理想，然而对他来说，却好像一座难以逾越的高山。

上课的困难不止是板书，连翻课本这样的小事也能让马复兴感到为难。他以前当学生时，习惯了用嘴唇翻书，但那时人坐在座位上，头部与书本距离很近。可当他站在讲台上时，用嘴唇翻书就显得很困难，何况有时上课需要两本书，好不容易翻开这本，那本又合上了，翻开那本，这本又合上了。马复兴觉得这样很对不起学生，因为翻书浪费了太多上课时间。

这些不便之处，通过孩子们的嘴一一传了回去，课堂上的学生越来越少。以至于后来马复兴每天早晨上课之前便心慌，不知道今天座位上会不会又少了一个孩子。

　　在接下来的一个月里，马复兴只要不上课，就发狠地练着板书。办公室有块用于写公告的黑板，马复兴一有空就站在黑板前写啊写啊，不一会儿就写了满满一黑板。别的老师看到他写得大汗淋漓，就劝他休息一会儿，可马复兴却笑笑说："我再练会儿。"他心里很清楚，早一天把基本功练好，或许就能多留一个孩子在课堂。

　　渐渐地，马复兴练出了一笔流畅的粉笔字，而且速度很快。至于翻书，他也想到了一个好办法，他在河滩上捡了一块扁平的石头，一上课就把两本书翻到要用的地方，用石头同时压住两本书。需要翻页的时候，他就用灵巧的嘴唇将书页掀起来，再塞进石头下面。学生们看着马老师杂技般的"表演"，简直都快惊呆了。

　　马复兴的第一炮终于打响了。听说他上课不但可以像别的老师一样写字、翻书，讲课甚至比一般老师讲得更好，以前把孩子领回家的村民们都感到不可思议，马复兴的教室窗外再次挤满了来"观摩"的人群。这一次，马复兴不再心虚，他旁若无人、大大方方地给孩子们讲课。需要板书时，他用双臂夹起粉笔，潇洒地来了一段板书，放下粉笔，又夹起教鞭，教孩子们大声朗读。讲得兴起，他甚至还用粉笔在黑板上画上一幅活灵活现的漫画。短短的一节课，被马复兴上得妙趣横生，连窗外站着听课的家长都听得入了迷。

下课铃响了，马复兴合上课本，微笑着与孩子们告别："下课了，同学们再见。"孩子们一齐站起来高呼："老师慢走!"窗外的家长们纷纷涌到教室门口，有人拉着马复兴的"手"说："马老师，对不起啊，前段时间家里边事情挺多的，我就叫孩子回家帮忙。等忙完了，我还想把孩子送到你班上，行吗?"马复兴高兴地点点头："行呀，怎么不行?"更多的家长则专门过来称赞马复兴的课上得好，孩子爱听。听着众人的赞誉，马复兴的眼前一片春暖花开。

没过多久，那些被家长接走的孩子又陆续返回了课堂，马复兴看着眼前越来越充实的教室，感到心里也被幸福塞得满满的，那种充实感令他陶醉。

爱情滋润两颗孤独的心

被学生家长们普遍接受后，马复兴的工作也渐渐走上了正轨，他开始品尝教师这个职业带给他的成就感和满足感。他不满足于只教授语文课，还慢慢尝试着教数学、美术、自然等课程，可以说，除了体育课，马复兴都"野心勃勃"地想要尝试。

美术课需要画画，这难不倒马复兴，他的双臂像跳舞一样随着线条起伏，很快就能画出一幅栩栩如生的简笔画；数学课需要用工具画图，马复兴用两只胳膊按住三角板，用嘴叼着粉笔哗的就是一条直线；常识课要做小实验，马复兴的袖子里仿佛藏着一架灵巧的机器，架好试管、点燃酒精灯，没有一样难得倒他……几年下来，马复兴成了学校代课最多，"品种"最全的"全能老师"，校长有时跟他感慨地说："马老师，我真庆幸当时把你留下了，要不然可是我们学校的一大损失啊！"

马复兴超强的工作能力和极好的人缘被一位女老师默默地看在了眼里，她就是赵玉花。赵玉花是新近调来的语文老师，她相貌姣好，工作能力也很强，但因为有腿疾，她平时不太爱说话。赵玉花刚到下麻尔村小学时，就听老师们说学校有个神奇的老师马复兴，双臂残疾却无所不能，比正常人还要能干好几倍。赵玉花很小的时候，患上小儿麻痹症，虽然经过治疗能够走路，却落下了行走不稳的后遗症，如果走快了，或者稍不注意就会摔倒。因为这个，赵玉花内心一直很自卑，所以当听说有人比她残疾得更厉害，却活得如此张扬、如此精彩时，她心里不禁对此人产生了好奇。

赵玉花第一次看到马复兴是在他的一堂语文课上。因为赵玉花刚来，校长便有意让她先观摩优秀老师马复兴的语文课。初见马复兴，赵玉花对他其貌不扬的外表并没有太多好感，但他一开口，她便被他那广博丰富的知识、妙语连珠的讲解给迷住了。"人不是因为美丽而可爱，而是因为可爱而美丽。"这句话莫名其妙地溜进了赵玉花的脑海里，一节课上完，她对眼前的这个小个子的年轻人产生了由衷的敬佩。

赵玉花不知道，当她走进教室的那一瞬，马复兴也被她的美丽倾倒了，仿佛一道彩虹从眼前闪过，他觉得整个教室都亮了起来。那堂课，马复兴也发挥得格外尽兴。

俩人就这样认识了，赵玉花发现，马复兴身上仿佛有一种魔力，它能让人忘记忧愁，对未来总是充满希望。而马复兴发现赵玉花总是对自己身体的残疾耿耿于怀时，便劝慰她："你为啥总是为这事闷闷不乐呢？以后你不开心的时候，干脆就想想我，一想到你比我还强得多，你就会开心了！"赵玉花扑哧一声笑了："有这么说自己的吗？"见她笑了，马复兴心里更加高兴。

受到马复兴的鼓励，赵玉花的性格越来越开朗，她开始愿意跟同事们交流，也更喜欢跟孩子们做朋友。老师们见她与马复兴走得近，便有意撮合他们俩。这两个年轻人本来心里就有那层意思，同事们这么一撮合，他们的恋爱也就顺理成章了。

可是，这段恋情却遭到了赵玉花家人的反对。她的父母认为，她本来身体就有缺陷，得找个能照顾她的人，没想到马复兴残疾程度更高，女儿要是跟这种人结婚，以后的日子可怎么过呀？赵玉花反复跟家人说，马复兴的生活自理能力很强，自己跟他在一起会幸福的，可家里人却怎么也不相信："两个人成了家，家务事多着呢，你说说哪样离不开手？没有手怎么生活？"任凭赵玉花磨破了嘴皮，父母就是不松口。最后，她也没辙了。

得知女友的家人反对自己与她结婚，马复兴也有几分沮丧。但他不能就此放弃，他想来想去，决定主动出击。

在一个周末，马复兴来到了赵玉花家看望她的父母。一番介绍后，赵家父母对他的态度不冷不热。马复兴啥也不说，把袖子挽到腋下便进了厨房。择菜、洗菜、切菜，马复兴样样干得像模像样，看着他一双断臂上下翻飞，一会儿就整出几盘色香味俱全的菜肴，赵玉花全家人都惊呆了。一顿饭吃完，她的父母就爽快地同意把女儿嫁给他。

1985 年，马复兴与赵玉花的爱情终于瓜熟蒂落，俩人喜结良缘，下麻尔村小学从此有了一对连理园丁。当人们问到他俩是怎么走到一起时，赵玉花俏皮地说："一个没手，一个腿瘸，所以就走到了一起呗！"说完之后，她又由衷地说："其实，我们两个不是因为同病相怜才走到一起的，说实话，是他乐观坚强的性格吸引了我、影响了我，我为他感到骄傲，能与他相伴走过一生，是我最大的幸福。"

妻子的肺腑之言让马复兴也十分感动，他决心一定要珍惜和善待眼前的这个女人，让她享受到幸福和快乐。

他是这样想的，也是这样做的。赵玉花有一段时间腿疾发作，经常站不稳，一不小心就会摔倒在讲台上。晚上回家时，马复兴发现妻子腿上摔得青一块紫一块，心疼极了。从那以后，他坚持每天晚上用断臂帮妻子轻轻按摩，促进血液循环，过了一段时间，赵玉花的腿果然感觉好多了，不再像以前那样麻木僵硬了。

他们的小家被收拾得整洁、温馨，窗明几净，这全是马复兴的功劳。赵玉花自豪地对别人说："不知道的人都以为是我在照顾马复兴，其实这个家里都是他照顾我。在我们家，没有他干不了的活儿，做饭、洗衣服、扫地、换灯泡，他啥都行！"认识马复兴的人都由衷地赞叹："马老师的袖子里真藏着一双'巧手'啊！"

1988 年到 1990 年，马复兴和赵玉花的两个女儿相继出世，夫妻俩更加忙碌了。马复兴每天上课之余，还要负责照顾两个年幼的孩子。由于身体各有残疾，夫妻俩吃了不少苦头，但他们坚决拒绝双方父母过来帮忙的要求，坚持自己带管孩子。小两口如此倔强独立，令双方的老人也不禁唏嘘感叹。

马复兴永远也忘不了那一次，女儿险些就落下终身遗憾。那时小女儿还在摇篮中嗷嗷待哺，妻子赵玉花要去上课，马复兴大包大揽地说："你放心去吧，这儿有我呢！"因为丈夫一向无所不能，赵玉花歉疚地对他笑笑，便转身出门了。

过了一会儿，小女儿哇哇地哭了起来，马复兴知道她是饿了，便拿出早就准备好的奶瓶给她喂奶。因为他没有手，只能用一只臂弯夹住女儿，另一手臂夹住奶瓶给她喂奶。可就在这时，他看到蹒跚学步的大女儿正摇摇晃晃地走向炕前的火盆！这一幕刺激了马复兴，他突然想起自己小时候，就是这样失去了双臂，他大叫起来："海蕾，不行！别过去！"可是女儿仿佛完全没听见，仍然对火盆里燃烧得通红的炭火很感兴趣。马复兴冲了过去，想用"手"拉住女儿，可是胳膊前端空荡荡的，他拉不住！对危险毫无意识的海蕾朝着炭火盆一脚踩了下去，火苗顿时把她的棉鞋、棉裤全烧着了。马复兴发狂似的呼叫着，幸好有人从门口经过，赶紧扑灭了海蕾身上的火苗，这才使她幸免于难。

赵玉花正在上课，听说家里出事了，赶紧丢下课本往家赶。回到家一看，两个女儿正大哭小叫，马复兴蹲在地上，两支断臂夹住头，十分痛苦地说着："我真没用！我要是有手，就能把海蕾拉住，我真没用啊！"赵玉花连忙安慰丈夫："复兴，你不要这么说，海蕾不是没事吗？没事就好……"那天，赵玉花第一次从丈夫的眼中读出了脆弱。原来，他并非"全能"，只是心底的骄傲让他从来不甘心认输，总是努力不断地超越自己。赵玉花一阵心疼，她抱住丈夫说："复兴，你以后不要太辛苦了。"

从那以后，赵玉花便有意分担家庭的重担，夫妻俩的感情不但没在生活的琐碎中消磨殆尽，反而越来越深厚、牢固。而他们的女儿在成长的过程中，因为知道父母生活的不易，也显得比同龄的孩子更坚强，更懂事。

由于夫妻俩都是教师，他们的家里总是洋溢着浓浓的学习和教育氛围。每天晚上，两个孩子入睡后，马复兴就与妻子一起开始准备第二天的教案，遇到不清楚的地方，两个人小声而热烈地讨论，问题解决后，他们便相视会心一笑……下麻尔村的村民们都知道，不论哪一天，马老师家的灯光总是熄灭得最晚。在山村寂静的夜空中，那一点橙黄带给孩子们的，是知识的温暖。

贫穷山村的教育使者

和睦温馨的家庭给马复兴注入了新的激情和活力，他最开始获得这份工作时，只是想得到人们的认可，证明自己有能力养活自己，但通过工作解决了温饱问题后，他开始慢慢思索这份工作的深刻意义。当老师是为了什么？这仅仅是一份职业吗？山村的孩子为什么要读书？读书也仅仅是为了"养活自己"吗？

下麻尔村是湟中县有名的贫困村，许多年来，村里的年轻人一直不断地尝试着走出去，想在外面闯世界，挣光阴。但由于没有文化，他们在外面干的往往是最苦最累的活，挣的却是最微薄的钱。马复兴曾经听说过这样一件事：

他们村里一伙年轻人一起去外地承揽工程，辛辛苦苦干了一年，但到最后几十万元的工钱却根本讨不回来。他们生气地准备将对方诉诸法律，没想到律师一看他们当初签定的合同就说："这官司不用打，打了也是输。"原来，因为读书不多，他们在签订合同时没有看出对方在合同中设下的陷阱，稀里糊涂上了当。最后，对方拿着这份有法律效用的合同，硬生生地坑他们白干了一年。

像这样的事情，在村里数不胜数，说到底，还是吃了没有文化的亏。在青海，基础教育一直是薄弱环节，而民族教育更是难上加难。回族群众不太重视教育，许多孩子上完小学就辍学，跟着父兄从事经营活动。马复兴深刻地认识到，一个家庭、一个村庄，乃至一个地区，要从根本上改变贫穷落后的面貌，还得从教育上抓起。只有学了知识，有了文化，孩子们才会渐渐产生新的想法，他们的头脑才会思考自己的人生、理想和未来。

自从马复兴接手学校的工作以来，辍学现象一直十分严重。有些孩子上到四五年级，家长认为孩子多少已经认识一些字，会算简单的算术了，就把孩子领回家，让他们跟着一起跑生意，当小贩。还有的家长把上学的孩子当成家里的半个劳动力，经常不顾孩子正在上课，就把孩子从课堂上揪回家干活。有的家长干脆不让孩子上学，这部分家长是学校重点劝学的对象，也是最令人头痛的问题家庭。每年开学，学校都要派出大部分老师，挨家挨户地登记上学适龄儿童，一遍又一遍地劝家长送孩子上学读书，但始终效果不大。好不容易送来的孩子，一个学期没读满，又会因为这样那样的原因弃学了。

目睹"劝学难"这一现象，马复兴决定挺身而出。但是，当他到校长那里，自告奋勇要加入劝学老师的队伍时，校长却婉拒了他。对于富有才华的马复兴，校长对他欣赏和爱护有加，可劝学是个苦差使，要翻山越岭不说，有时候还不那么受人欢迎，身体健全的老师尚且感到难以承受，何况马复兴这样的情况呢？因此，每年派出劝学老师时，校长都对马复兴夫妇特殊照顾，不让他们参加。但这次，马复兴的决心很大，他急切地对校长说："我是回族人，由我去给回族的家长做工作，有得天独厚的优势，校长，你就给我这个机会吧！"他还给校长立下了"军令状"：保证把去年辍学的孩子全部劝回来，即使在这个过程中出了什么意外，后果自负，绝不给学校添负担。校长觉得马复兴说得有道理，何况这么多年的同事，他深知这位无手老师的个性，认准的事非做不可，只好答应了他。

新学期即将开学，马复兴背上妻子给他准备的干粮，踏上了劝学之路。下麻尔村的村民居住十分分散，有的家庭常年在外放牧，要遇到一次都很难。马复兴先是到村里抄写了村民们的花名册，然后根据上面登记的适龄儿童家庭的住址，一一登门拜访。

起初，村民们对于他的来访还客客气气地接待，但一提到让孩子上学，家长就变得期期艾艾，开始提出这样那样的困难，马复兴以自己的亲身经历，把读书的好处掰开了揉碎了说，磨破了嘴皮，这些家长也硬是不答应。

看到学生越来越少，马复兴心里着急。他一直铭记着当年那位下乡干部对他母亲说过的话："只有上学，孩子才有出路。"可他把这句话说给辍学孩子的家长听时，他们却说："我们祖祖辈辈都没读书，不照样娶妻生子，过得好好的？"面对这样的"道理"，马复兴哭笑不得。

随着他登门拜访的次数越来越多，有的家长显得有些不耐烦，远远一看是他就把大门反锁，任凭怎么叫喊也不开。有的人家故意把拴狗的绳子放得长长的，马复兴刚一走近，狗就狂吠起来，让他进不了门。好不容易进了门，别人还摆脸色给他看。有人故意说："马老师，你把你自己的娃管好就行了，我们的娃上不上学，关你什么事啊？"甚至有人说："马老师，是不是你拉到学校的娃娃越多，你的工资就越高啊？乡里乡亲的，你可不能赚这个昧心钱哪！"马复兴被噎得说不出话来。

上门达不到说服的效果，马复兴就抓住每一个机会，哪怕是在大街上遇到家长，他也会拉着对方反复劝说。他的执著与坚持，"吓"得那些不想送孩子上学的村民远远地看见他就躲。

其实，马复兴也很清楚，很多家长不想让孩子上学，归根结底还是一个"钱"字。学校的学费虽然不高，但对于极度贫困的村民们来说，也是一笔不小的开支。何况有的家庭孩子很多，每到开学时，几个孩子一起上学，负担确实沉重。

下麻尔村有一户人家也姓马，全家共有三个女儿，一个儿子。他们的三个女儿都到了读书年龄，可老马认为女孩读书没用，几个女儿一直在家帮家里干农活和家务活，大女儿都快十五岁了，老马想让她进城去打工。马复兴得知后，苦口婆心地劝他送女儿读书，可他却硬邦邦地说："读书？是不是你出钱？你出钱我就让她们去读。"

马复兴私下问过几个小女孩，她们都十分渴望上学。于是，他决定用自己微薄的力量来帮助这些女孩。他与妻子赵玉花商量，想用自己的工资替老马的女儿们交付学费。赵玉花有些犹豫，他们自己的两个女儿也需要上学，也要吃穿用度，何况谁不希望自家的小日子能过得稍微宽裕点呢？她不愿意因为别人的孩子，而让自己的孩子吃苦受罪。马复兴见妻子不同意，只得又回过头来反复做妻子的思想工作。

他告诉妻子，自己在下麻尔村出生、长大，对这里的每家每户、一草一木都熟悉得像自己家一样。他小的时候虽然身有残疾，但村里人不但不歧视他，好多大叔大妈还给他提供过帮助。那种热热乎乎的关心，一直是他心中最珍贵的记忆。他从小那么努力地学习，其实还有一个目标，就是有朝一日能回报乡亲们对他的关照。当他被高考拒之门外时，他曾经绝望地以为自己此生再也没有这个机会了，然而当上老师后，他感到自己身上有一种神圣的责任感和使命感在慢慢复苏。下麻尔村太穷了，村民们的观念太落后了，如果继续下去，孩子们或许就会延续上一代的贫穷和愚昧，而他的责任，便是让村里的孩子有朝一日能走出大山，堂堂正正地在大城市落地生根，摆脱世世代代不断轮回的命运。

马复兴的话让妻子动容，然而想起丈夫去劝学时，那些村民对他的态度，她仍有些愤愤不平："话虽这么说，可我一想起他们放狗咬你，就觉得寒心。"马复兴宽容地笑着说："人和人之间的关系哪能这么看，我这是看在上一辈人对我的恩情上，以德报怨呀！"这句话最终打动了赵玉花，她若有所思地说："复兴，你要是愿意做什么就做吧，相信你的好心一定会换来好报！"

得到了妻子的支持，马复兴高兴极了，他找到老马家，提出自己可以资助他们的女儿上学。老马夫妇听到他这么说时，第一反应便是惊讶，再看看他的残臂，他们都惭愧得低下了头。最终，老马答应由马复兴帮他们的大女儿代缴学费，其余两个女儿的学费由他们自己负担。他们不好意思地说："马老师，我们家经济实在是困难，这钱，就算我们借你的。"马复兴摇摇头："我拿钱出来给你女儿读书，就没想过收回来，你不要想那么多了，让几个孩子赶紧准备上学吧！"几个女孩听说能上学了，顿时高兴得跳了起来。马复兴离开的时候，三个小姐妹把他送得很远，很远。

然而，马复兴的收入有限，他能帮到的孩子也极其有限，大部分孩子入学还是得靠他和老师们挨家挨户做工作。马复兴的身体缺陷导致他在崎岖的山路上很难保持平衡，一不留神就会摔跤，经常摔得鼻青脸肿。学生家长见他为了劝孩子读书，几乎连命都不要了，很多人都被感动了。马复兴告诉大家："我今天吃苦，是为了你们的孩子以后不吃苦；我愿意永远留在大山里教书，就是为了你们的孩子能走出大山……"他的话，让许多家长改变了观念，愿意送孩子上学，也有很多已经辍学的孩子重新回到了学校。

然而有一户姓田的人家，儿子多次辍学，老师们一次又一次登门劝孩子复学，可家长就是不干，成了"钉子户"。马复兴从校长那里接过这个任务后，也遭遇了田家毫不客气地拒绝。记不清是第几次被回绝，马复兴失望地准备离开田家。当他转身走出门时，一心想读书的孩子恋恋不舍地走出来送他。看着孩子噙满泪水的双眼，马复兴感到一阵辛酸和无奈。他转过头对孩子说："你不要着急，马老师会再给你父亲母亲做工作，我一定会想办法让你回到学校。"孩子感激地向他敬了个礼，马复兴转身离去。突然，他听到身后传来一声尖叫，他猛然回头，发现不知从哪里窜出一条大狗，正扑向那个男孩。马复兴啊地叫了一声，本能地朝孩子跑去，挡在了孩子面前。恶狗炸起全身的毛，爪子在地下狠狠抓挠，眼睛瞪得血红，长长的舌头滴着口水，一副随时准备冲上来的样子。马复兴心里也害怕，但想着身后的孩子，他无法退缩。他想挥舞双手，吸引恶狗的注意力，可他却没有手！情急之下，马复兴毫不犹豫地将整个身子压向恶狗。恶狗见有人攻击，便突然发力，将马复兴扑倒在路边的粪堆上，张着血盆大口一通撕咬。男孩被吓得大声哭叫，惊动了路人。人们急忙赶来，举着铁锹、木棍，这才将恶狗打跑，将被咬得衣衫褴褛、浑身是血的马复兴从地上扶了起来。

田姓夫妇此时才得知他们的儿子差点被恶狗咬了，而马复兴舍身救孩子的事，更是让他们既感激又羞愧。孩子的父亲握住马复兴的手说："马老师，我们……实在太对不起你了。你放心，我们就算是砸锅卖铁，也要把孩子送去上学！"

在马复兴和同事们日复一日的努力下，先后有200多名逃学、流失的孩子陆陆续续地回到了学校。同时，他孜孜不倦地播撒着"知识改变命运"的观念，也在逐渐改变着村民的思想。在这个偏僻的小山村，慢慢形成了"家家孩子都上学，人人都崇尚知识"的新观念。十多年来，下麻尔村全村适龄儿童的入学率、巩固率均为100%。

幸福就是一辈子站在讲台上

自从站在讲台上那一刻起，马复兴就把自己的生命交给了这个地方。他的妻子兼同事赵玉花说，丈夫不仅仅把教书当成一个职业，一个谋生的手段，而是把这件事当成一个神圣的使命来完成。对于普通人来说，做到这一点尚且不易，何况马复兴身有残疾，对别人来说轻而易举的事，他要付出十倍甚至百倍的努力，可令人惊异又佩服的是，他不但把这些事做到了，而且做得比一般人更加优秀。

在下麻尔村小学，一个老师平均的周任课量在十节到十四节，可马复兴一周却承担着二十几节课的教学任务。这就意味着，他备课的工作量比别人超出一倍多。只有赵玉花知道，那些厚厚的备课笔记，那些密密麻麻、清晰有力的字迹是怎么来的……

马复兴很会安排工作和生活的节奏，虽然课时多，但由于他善于安排时间，都能处理得井井有条，很少发生脱课、缺课的现象。有一段时间，因为他常常深入村民家庭进行劝学，这个规律就被打破了。妻子劝他，反正课本也没变，课文也就是那些课文，不如就用往年的备课笔记，稍作修改就可以了。马复兴却不愿意这么做，他说："虽然课本课文都没变，可是孩子不一样了，他们接受的习惯和教学的方法都要作相应的调整，所以每节课都需要重新备，怎么能用往年的呢？"他每天回到家时，天都已经擦黑了。吃罢晚饭，马复兴还要批改每天的作业，等把堆积成小山一般的作业批改完，已是深夜十点多钟了。妻子赵玉花劝他早点休息，马复兴嘴里答应着，"手"上却又拿出备课本，开始一字一句地重新准备第二天的课程。由于残臂写字较慢，别人只需要一个小时就能写好的教案，他可能需要两个小时甚至更多。加上他对自己的工作精益求精，写一遍不满意，立马就会推翻重来。妻子一觉醒来，已是下半夜，可马复兴仍在灯下不知疲倦地用他那种特殊的姿态顽强地书写着。看着他在灯下用残臂夹着钢笔奋力书写的身影，赵玉花的眼睛湿润了……

头一天通宵达旦地工作，第二天又要不厌其烦地找家长劝学，精神抖擞地给孩子们上课，就是个铁人也经不起这样煎熬啊。终于有一天，马复兴病倒了。那几天，他连续跑了好多家，话说了几箩筐，可是效果却很一般。晚上，他怀着郁闷的心情继续工作到深夜。没想到第二天早上，当他一走进教室，低下头用嘴唇翻开课本时，突然感到眼前一黑，便咚的一声栽倒在讲台上。学生们吓坏了，大叫着"马老师，马老师你怎么啦？"可马复兴眼睛紧闭，牙关紧咬，没有一点知觉，有些胆小的孩子被吓得哭了起来，大一点的孩子赶紧跑到别的班里把赵玉花喊了过来。紧接着，其他班的老师也闻讯赶来，大家七手八脚地把马复兴送到了乡卫生院。经过紧急抢救，马复兴终于悠悠地苏醒过来。医生诊断，是由于连日劳累和内心焦急，导致他血压异常升高，这次昏迷是一个危险的信号，如果不注意休息，以后很可能会引发更严理的心血管疾病。医生叮嘱马复兴，再也不能超负荷工作了，一定要保证休息和睡眠。

校长闻讯赶到马复兴的病床前，关切地劝他："马老师，你因为工作累成这样，我有责任，你就听我一句话，以后别再那么拼命了好吗？你的课，我分一些给其他的老师吧！"马复兴一听这话却急了，他紧紧扯住校长的手说："校长，千万不要！教书就是我最好的休息方式，你不让我教书，才真是要了我的命！"见他这么说，校长也十分为难。他与赵玉花谈话后，这才得知导致马复兴身体崩溃的原因，是一连几天的"连轴转"。这件事让他唏嘘不已，他郑重地与赵玉花约定，无论如何也要想办法让马复兴保证休息时间。

从那以后，赵玉花与丈夫商量，晚上备课时，由马复兴口述，她来记录。这样大大提高了工作效率。有了赵玉花这个"贤内助"，马复兴终于能够很快完成备课笔记，也不需要再通宵熬夜了。而那段时间，马复兴和同事们的劝学工作也有了显著成效，工作量减少了很多，各方面工作都在朝着顺利的方向发展，马复兴脸上的笑容明显增多，工作也更有劲头了。

基础工作理顺后，马复兴把工作重点转到创新教学方式和方法上。他头脑中总有很多新点子，这些奇思妙想贯彻到课堂上后，很受学生欢迎。比如说，他发现孩子们写作文比较困难，很害怕上作文课，便一改以前所有学生同写一个题目的教学方式。他先讲一个故事，然后让坐在第一排第一个的学生接着自己刚才说的，把故事讲下去。而第二个孩子则接着前一个孩子的故事，发挥自己的想象，把故事情节再往前推进一步。这种方式很好玩，也不拘泥于形式，孩子们从以往怕上作文课，变成了爱上作文课，甚至盼望作文课快点来，而他们的想象力、表达能力和结构故事的能力也得到了很大发展。有一次，马复兴给孩子们讲了一个"小红帽与狼外婆"的故事，让他惊喜的是，孩子们没有像古老的故事中那样，写到狼外婆被猎人发现后杀死，而是讲出了猎人因为过于自信，被随后赶来报仇的狼给抓住，然后小红帽又反过来去救猎人的结尾……在马复兴的启发和引导下，这个故事至今没有讲完，结局还有无数种可能性。

除了写作文用故事接龙法，马复兴在数学和常识等课程中，也积极地拓展新的教学方法。他上课从不生搬硬套，而是注重寓教于乐，用一种轻松的方式掌握知识，他的课堂上总是充满了欢乐的气氛。

1995年，学校引进了第一台电脑，开始采用多媒体辅助教学。看到别的老师使用电脑，马复兴感到很羡慕，而且他也意识到，电脑这个工具很可能会给自己的教学工作带来很大的帮助，他决定尽快学会使用它。

可是对于无手的他来说，使用电脑谈何容易，那光滑的鼠标和密密麻麻的键盘，对于他的一双残肢来说，简直难于登天。但马复兴对自己的一双"巧手"很有信心，他开始利用课余时间，细心钻研起了电脑知识。他自学了《电脑操作基本教程》《多媒体辅助教学》等书籍后，对电脑的原理和基本的操作方法先是做到了心中有数。接下来便是实战关，因为学校只有一台电脑，而马复兴练习电脑的过程注定会很漫长，所以他专门拣别的老师不用的时候，关起门来一个人练习。

他用残臂前端夹住光滑的鼠标，开始练习点击左键、右键，可是鼠标就是不听话，稍一用力就从他"手"中滑脱了。马复兴咬紧牙关，不断调坐姿和残臂的角度，慢慢体会合适的力度。对平常人来说只是简单的手指运动，他要练习不下万次。有时候他曾想，如果有一种适合残疾人使用的鼠标就好了，但是，在那种鼠标没发明出来以前，他只能付出比别人更多的汗水和努力。经过两个月的不懈努力，马复兴终于能够自如地使用鼠标。

可是，光学会了使用鼠标，只能简单地浏览页面，马复兴不满足于此，他想进一步学会使用键盘。妻子赵玉花劝他："你就不要学这个了，我还是当你的助手，你想写什么样的教案，我来帮你写不就行了？"可马复兴却摇着头说："我从七岁的时候起就立下志向，虽然我没有手，但我决不会在任何事情上输给有手的人，也坚决不因为自己的缺陷给别人添麻烦，这是我的原则，你相信我，我能做到一切。""我能做到一切。"这是马复兴的承诺，也是他的人生信条。赵玉花深深地了解丈夫不服输的性格，更相信他"无所不能"的"双手"。然而她更心疼丈夫，为了达到使用键盘这一目标，他不知又要流多少汗水，身体又要承受多少苦痛。

正如赵玉花所预料的，为了学会使用键盘，马复兴又跟自己"杠"上了。键盘是按正常人的手指来设计的，平均面积只有一平方厘米左右，而马复兴的残肢前端却呈粗壮的半圆形，这与人纤巧灵活的手指根本不能相比。但这也难不倒马复兴，他经过观察，发现用自己的断臂最前端轻触键盘，还是可以达到"一触即发"的效果。可是这样的误操作率很高，为了修正错误，他不得不用断臂多次按点退格键。一次、两次、百次、千次、万次……在马复兴的头脑中，已经失去了数字的概念，只剩下了一个目标。

当时正值七月，酷暑难耐，而马复兴把自己关在闷热的机房里，一待就是几个小时。汗水将他的衣服湿透后，又被灼热的身体烤干。如此反复多次，每天晚上回家时，他的衣服上都结着一层厚厚的盐霜。因为怕汗水滴落下来把键盘打湿，他还在头上包了一块毛巾。不长时间后，赵玉花就发现他头上和身上都长满了密密麻麻的痱子，有的已经化脓溃破了，可马复兴对身体的不适不仅没有丝毫察觉，反而像着了魔一样钻进了电脑世界里。当妻子一边数落他，一边给他涂上消炎收敛的药水时，他疼得直咧嘴，还笑呵呵地说："玉花，你知道吗，今天我整整打出了200

个字。"听着丈夫的话，赵玉花不禁流下了心酸的眼泪。这个倔强的男人，为了不给别人添麻烦，为了证明自己不比有手的人差，宁愿自己吃苦受罪。这正是他的可爱之处，更是他的可敬之处！

在马复兴的努力下，他只用了半年时间，不但奇迹般地熟练掌握了鼠标和键盘的使用，还用电脑做出了新颖实用的多媒体课件，其制作水平远远超过了同行。同事们"见识"过马复兴操作电脑的"奇观"：只见他用单臂推动按压鼠标，电脑显示屏上的小箭头便灵活地跳来跳去，准确地指向目标；他用两只断臂前端灵活地敲击键盘，一排排汉字就在屏幕上鱼贯而出。他甚至学会了使用手机，先用单臂从侧袋中掏出手机，夹在臂窝中，然后用另一支断臂尖端处麻利地点击按键，再用臂窝夹着手机放到耳边通话。这一切他都做得行云流水，丝毫不亚于正常人。

马复兴就是这样不断地与自己战斗，他的努力不仅给孩子们带来了福音，而且也获得了省市教育系统、残联以及全国人民的承认：他多次被授予"湟中县教育系统先进工作者""优秀班主任""优秀教师"等荣誉，还被评为"青海省残疾人自强模范"，在全国教育论文征文活动中，他撰写的论文曾获得一等奖；2007年，他获中央电视台

"2007年度三农人物奖"。

虽然获得了众多荣誉，但马复兴从未停止过学习，只要他想做任何一件事，就会不遗余力地去达到自己的目标。他的精神，也深深地感染了学生们。现在，要是有哪个孩子碰到困难想退缩，其他同学就会说："你想想马老师吧，这点困难算什么？"每当听到这种对话，马复兴总是欣慰地微笑：这不正是他努力奋斗的初衷吗？

"马氏精神"代代相传

马复兴爱孩子，但作为他的女儿，马海蕾姐妹脑海中的父亲却是个"偏心眼"。她们清楚地记得，小时候父亲几乎很少陪她们写作业、做游戏，他的爱和精力大部分都给了他的学生们。为此，小姐妹没少生过气。

马复兴的学生中有一个名叫沈振轩的四年级男孩，他来自湟中县上五庄。沈振轩是个苦孩子，一岁时父亲就去世了，他和母亲、姐姐以及年迈的爷爷奶奶相依为命。全家人就靠沈振轩的母亲在西宁卖土豆和酸奶，赚取一点微薄的家用。马复兴早就注意到了沈振轩，在所有同学中，他显得那样沉默和孤单，有一种与年龄不相符的忧郁。通过与他谈心，马复兴得知了沈家困窘的家境，还知道沈振轩的姐姐也在下麻尔村小学上五年级。他感叹这个孩子的不幸，同时也鼓励他振作起来，与生活抗争。

在马复兴的鼓励下，沈振轩的精神面貌渐渐发生了变化。他悄悄地找到马老师，与他谈了很多，其中谈到了想好好学习，考大学，用知识来改变自己的命运，给一家人带来幸福的生活。沈振轩的理想，令马复兴大为赞赏。为了帮助这个孩子，他经常把沈振轩姐弟接到家里吃饭，还买了本子、铅笔等学习用品送给他们。

可这样一来，马海蕾姐妹俩不干了，她们本来就觉得父亲爱学生胜过爱她俩。以前，至少在家里父亲是属于她们姐妹俩的，当他不累的时候，她们偶尔还能在父亲怀里撒撒娇。可自从沈振轩姐弟俩出现在家里后，父亲似乎把所有的爱都给了他们，不仅好吃的、好玩的要尽着他们，就连看他们的眼光也显得无比慈爱。这让小姐妹产生了嫉妒，对父爱本能的保护令几个孩子之间发生了许多啼笑皆非的事情。

有一次周末，马复兴再次把沈振轩姐弟叫到自己家，让妻子做点好吃的给俩孩子吃。赵玉花也很同情这姐弟俩，便给他们熬了一大锅羊肉汤。当羊肉在锅里发出香喷喷的气味时，已经很久没沾荤腥的沈振轩姐弟俩不由自主咕咚咕咚地吞着口水。开饭时，马复兴给他俩碗里分别盛了几大块羊肉，可给自己的女儿碗里却只放了几块骨头，上面的肉少得可怜。看到父亲又"偏心"，马海蕾姐妹气坏了，她俩对了对眼神儿，想出了一个整他们姐弟的好办法。

马海蕾一边热情地招呼沈振轩姐弟，一边说："你俩吃饭没洗手吧？走，我带你们洗手去。"说着朝妹妹使了个眼色，妹妹会意地点了点头。等马海蕾把他俩带去洗手时，妹妹悄悄地在姐弟俩的碗里放了好多辣椒面。等沈振轩和姐姐洗完手回来，早就饿得肚子咕咕直叫，他们迫不及待地舀起羊肉汤就喝，没想到一下子被辣得眼泪直流。看着他俩狼狈的样子，马海蕾姐妹得意地哈哈大笑……

送走沈振轩姐弟之后，马复兴严肃地把两个女儿叫到跟前来，他板着脸说："今天这事是你俩干的吧？"马海蕾与妹妹面面相觑，她们从没见过父亲如此严厉的样子，不禁有些害怕。马复兴继续说："你们知道沈振轩家的情况吗？"他把沈振轩父亲去世、全家人靠母亲卖土豆和酸奶过活的事情讲给了姐妹俩听，讲完后，他痛心地说："爸爸知道，因为我平时对沈振轩姐弟俩关照得多一些，冷落了你们，你们心里不好受。但你们知道吗？沈振轩的母亲虽然卖酸奶，但他们姐弟俩至今没尝过酸奶的滋味啊！他们本来就缺乏父母的关爱，而且特别敏感，父亲要是当着他们的面对你俩显得很亲热，他们会怎么想？你俩是懂事的孩子，今天我也不多说别的了，你们自己想一想，今天的事做得对不对。"说完，马复兴便不再多说，把这个问题留给姐妹俩自己思考。

父亲虽然没有责骂自己，但姐妹俩却觉得比受了责骂还要难受。马海蕾含着眼泪对妹妹说："没想到，沈振轩家那么可怜，我们该不该向他们认个错？"妹妹也眼睛红红地点了点头。

当天下午，姐妹俩就找到沈振轩姐弟俩，当面向他们承认了错误。得知女儿的举动，马复兴高兴地点了点头说："这才像我的女儿。"然后，他心疼地望着女儿说："我是你们的父亲，但更是一位老师。老师的职责比父亲的职责更伟大，所以你们姐妹俩或许要受更多的委屈。但总有一天，你们能理解父亲，对吗？"姐妹俩似懂非懂地点了点头。

小学毕业后，沈振轩和姐姐随母亲一起搬到西宁读初中。但马复兴一直牵挂着两个孩子的学习，他经常打电话、写信关注他们的情况。初中毕业后，沈振轩成绩仍然很优异，考上了最好的高中，此时母亲却再也无力供养。得知这个情况后，马复兴主动给她打电话："如果你放心，就把孩子交给我，我来供他上学，行吗?"就这样，沈振轩被送到汉东乡读高中，并住到了马复兴家里。这一住就是三年，最终沈振轩以优异的成绩考进了兰州理工大学。

踏进大学校园的第一天，沈振轩就给马复兴写了一封情深意长的信："敬爱的马老师，如果您允许的话，请让我叫您一声父亲! 我从小失去了父亲，是您鼓励我、教导我，还照顾我、改变我。在我心目中，您早就同父亲一样亲切、慈祥，您就是我心目中真正的父亲。但由于我天性羞涩，这句'父亲'我一直叫不出口，现在，我成了一名大学生，我的今天全是拜您所赐，所以我决定从今天起，就把您当做自己的父亲来敬、来爱……"沈振轩的来信，让马复兴读得泪湿衣襟，一股由衷的幸福感从他心底升起。

在下麻尔村小学，受到关照的绝不仅仅是沈振轩姐弟俩。每年的教师节，马复兴总能收到大量学生的问候短信和邮件："您是我心里最敬佩的老师，每当我遇到困难时，我就想起您，就让我有了勇气，勇往直前!"……

最让马复兴高兴的是，他的两个女儿也接过父母的教鞭，成了光荣的人民教师。马海蕾师范毕业，在另一个村小当老师，小女儿也考上了咸阳师范大学，即将与姐姐一样当上老师。女儿是马复兴心中的骄傲，而父亲同样也是女儿的骄傲。马海蕾说："以前我和妹妹总怨父亲偏心，但如今当我自己也当上了老师，我才深深理解了父亲对学生的爱。对他来说，责任就是他的生命。"

2012 年 9 月，马复兴被评选为中国"十大最美乡村教师"，经过有关媒体报道后，引起了社会各界强烈的反响。青海省莱曼丹集团董事长马显云深深地被马复兴的事迹所感动，他说："一个失去双手的人，竟能做出健全人也难以做到的成绩，马复兴老师的精神难能可贵，令人敬佩！"他以西宁市工商联合会的名义，为下麻尔小学捐赠了 100 张课桌，同时向马复兴个人捐款一万元。同时，他呼吁社会各界都来关注乡村教师，关爱像马复兴一样默默在乡村小学奉献一生的人们。接受捐赠后的马复兴却说："我只是一名平凡的小学老师，没想到会被这么多人关注。看到这些，我怎么能不下决心，为祖国的乡村教育事业奉献一生呢？"

2012 年 6 月，由青海省委宣传部、青海省文联等 7 家单位和部门联合摄制的社会人生教育片《马复兴》（又名《无手老师》）在湟中县鲁沙尔镇开机。这部影片将以原生态的方式讲述马复兴老师身处贫困山区，艰苦执教 30 年的经历，马复兴在影片中饰演成年的自己。随着这部电影的播出，相信"马氏精神"会传遍祖国大地，给更多的人带来震撼，给更多的心灵以崇高的洗礼。

现在的下麻尔小学，虽然仍然地处偏远山村，却呈现出一派生机勃勃的景象：砖混结构的教室高大明亮，红砖墁地的院落洁净雅致，一面红旗在高高的旗杆上迎风飘扬。马复兴正领着一群学生种花，花籽和花苗都是从邻居那里讨来的，一排花架是他从自家抬来的书柜。孩子们笑着憧憬来年鲜花盛开的情景，在马复兴眼里，他们就是最美的鲜花……